# L'AMIRAL

# DE MACKAU

# L'AMIRAL

# DE MACKAU

Suum cuique.

## PARIS

IMPRIMERIE SIMON RAÇON ET COMPAGNIE

RUE D'ERFURTH, 1

1856

# L'AMIRAL

# DE MACKAU

La France salue avec reconnaissance, avec fierté, les glorieux services de sa marine. Sur les ruines de Sébastopol prise d'assaut, à côté des victorieux chefs d'armée qu'elle récompense du bâton de maréchal par la main de l'Empereur, elle élève à la dignité d'amiral le chef de la flotte de la mer Noire. Elle réunit dans ses acclamations les noms de Pélissier et de Bruat, comme dans la mémoire de ces journées qui ont marqué le progrès de la nouvelle guerre de Russie, Alma, Bomarsund, Inkermann, Kertch, Sweaborg, Tchernaïa, Kinburn, elle associe les noms de Parseval, Hamelin et Charles Penaud à ceux de Saint-Arnaud, Baraguey d'Hilliers, Bosquet et Canrobert. C'est que la flotte a partout préparé les moyens de combattre et de vaincre lorsqu'il ne lui a pas été donné de prendre sa part directe du combat. Elle n'a pas moins puissamment servi l'honneur de la patrie lorsqu'elle portait à huit cents lieues du sol français, lors-

qu'elle faisait vivre et qu'elle munissait des plus puissants
moyens de destruction, incessamment renouvelés, une
armée de deux cent mille hommes, que lorsqu'elle dé-
mantelait à Bomarsund la première forteresse russe abat-
tue par nos armes; lorsqu'en forçant l'entrée de l'Azof,
elle menaçait d'affamer les défenseurs de la Crimée; lorsque, dans l'arsenal de Sweaborg, réduit en cendres, elle
ébranlait la foi de l'empereur Alexandre en ses murailles
de granit; lorsqu'enfin elle occupait, à l'embouchure du
Dniéper, la forteresse qui couvrait Nicolaïeff. Au moment
où notre drapeau, engagé pour la première fois depuis
quarante ans dans une grande guerre continentale, se
montrait avec tant d'honneur à côté du drapeau anglais,
la marine française a donné à l'Europe le spectacle inat-
tendu de sa puissance de production, de sa forte organisation, de son activité croissante. L'industrie privée, si
longtemps indifférente aux travaux ayant la mer pour
objet, a lutté avec les arsenaux de l'État pour la création
de coques, de machines et d'appareils de toute nature.
Tandis qu'à la suite du *Napoléon* s'élançaient de Toulon,
de Brest et de Cherbourg, l'*Austerlitz*, le *Jean-Bart* et
nombre de vaisseaux à hélice que rejoindra bientôt à la
mer un navire plus puissant encore, la *Bretagne*, on voyait
Marseille, La Seyne, la Ciotat, Bordeaux, Nantes et le
Havre enfanter une flotte de navires à vapeur propres aux
transports pour la guerre comme aux opérations du commerce; l'Exposition universelle offrait enfin à l'admira-
tion des bons juges, à côté des grandes machines de la
célèbre usine d'Indret, les produits des forges et fonderies
du Creuzot et le chef-d'œuvre des ateliers de la Ciotat,
le modèle du paquebot le *Danube*.

Nous voici donc, grâce à Dieu et sous l'impulsion de cette guerre qui sera féconde en résultats pour la paix, sortis de la crise presque mortelle que notre marine a traversée à la suite de 1848 ! Qui pourrait oublier qu'au milieu des convulsions qui semblaient alors devoir épuiser les sources de la richesse publique, l'un des signes du temps fut la pensée de réduire les travaux et les approvisionnements pour la flotte ? Sans un effort de l'opinion publique qui, plus puissante que la commission du budget, se fit entendre dans l'Assemblée nationale et maintint une partie des allocations obtenues en 1846 du patriotisme des Chambres par l'amiral de Mackau, cette pensée malheureuse, fatale, eût été réalisée : les arsenaux de la marine seraient entrés de nouveau dans une voie d'appauvrissement progressif, et lorsque, plus tard, le gouvernement, obligé de puiser à pleines mains dans ses réserves pour faire face aux exigences subites de la guerre, en aurait calculé les ressources, il se serait bien vite convaincu de l'insuffisance d'éléments mesurés comme à regret par une ruineuse imprévoyance.

Il a, sans contredit, une large part à réclamer dans la résurrection de la marine française, le ministre qui a présidé à ses destinées depuis le 2 décembre 1851 jusqu'à l'heure, encore récente, où l'excès du travail l'a enlevé à la tâche qu'il accomplissait avec tant de dévouement. Cette part a été faite à M. Théodore Ducos ; les paroles prononcées devant ses restes mortels par un ministre de l'Empereur, à l'issue de pompeuses obsèques, l'ont revendiquée pour sa mémoire ; la publicité l'a proclamée par tous ses organes ; notre témoignage n'ajouterait rien à cette renommée, qui n'a plus rien à attendre que la consécration du temps. Mais, presque au même moment, et comme par une coïncidence fatale, la marine perdait le ministre qui avait le plus fait avant 1848 pour lui assurer un développement ascendant et régulier. L'amiral de Mackau, dont la belle et forte constitution aurait pu faire espérer encore de nombreuses années de vie, frappé, vers la fin de 1854, d'un mal incurable, y succombait le 13 mai 1855, à la suite d'une agonie prolongée. Son dernier vœu, dicté par un sentiment de religieuse modestie, était que toute pompe officielle fût écartée de son cercueil. Ce vœu fut respecté. L'église de la Madeleine, paroisse de l'illustre mort, ouvrit son enceinte trop étroite au nombreux cortége d'amis qui lui rendaient ce dernier devoir, réunion de tout ce que notre pays compte d'hommes éminents ou distingués dans toutes les carrières. Un adieu adressé dans l'église au chrétien par son curé, que l'émotion troublait jusqu'aux larmes, fut l'unique témoignage rendu publiquement à cette mémoire qui ne voulait pas être louée. Le service funèbre, célébré quelques jours après, par l'ordre de l'Empereur, dans la nef des Invalides en l'honneur de l'amiral, mais hors de la présence de sa dépouille mortelle, n'enfreignit pas cette volonté. Aucune parole ne fut prononcée à l'issue de la cérémonie. Quelques lignes du *Moniteur universel* et du journal *la Flotte* résumant les services de l'amiral, un souvenir reconnaissant à l'homme privé inséré dans un petit nombre de journaux, sont les seuls bruits qui aient rompu ce grand silence.

Et pourtant il ne faudrait pas que le respect tournât à l'indifférence, le silence à l'oubli. Dans cette heure de victoire, où la marine française récolte les fruits dont une administration prévoyante avait de longue main jeté la semence, il ne serait pas bon qu'elle méconnût ce qu'elle doit à l'un des hommes qui l'ont le mieux servie. La gloire acquise dans la Baltique et dans la mer Noire remonte au delà des chefs d'armée qui en cueillent aujourd'hui les palmes ; il en revient une juste part aux ministres éminents qui ont préparé les instruments et réuni les ressources sans lesquels, au jour donné, il n'y aurait eu ni concours efficace de l'armée navale, ni succès à en recueillir. L'amiral de Mackau est un de ces ministres, et ce serait manquer à un devoir que de laisser s'ensevelir dans l'ombre les titres qui le recommandent à la reconnaissance de la patrie.

Ce n'est pas la biographie de l'amiral que nous nous proposons d'écrire ; notre cadre s'y refuse, et d'ailleurs cette tâche a été remplie à plusieurs reprises par des écrivains consciencieux. Un remarquable écrit, publié en 1847, par M. le comte de la Cornillière (1) ; un article plein de faits, inséré dans le journal des *Débats*, du 30 décembre de la même année, à la suite de l'ordonnance du roi qui élevait l'ancien ministre à la dignité d'amiral ; une notice succincte, mais accompagnée des pièces officielles les plus complètes, qui a pris place, en 1853, dans la *Galerie historique des membres du Sénat* (2), offriront une étude aussi instructive qu'intéressante au lecteur, curieux de savoir au prix de quels services on devien

(1) *Quelques vérités sur l'amiral baron de Mackau.* — Garnier frères Palais-Royal, 1847.

(2) Cette notice a paru en 1853, à Paris, à la librairie nouvelle, boulevard des Italiens, 15 ; elle est réimprimée à la suite de la présente publication.

de simple pilotin amiral de France : nous essayerions
en vain d'y ajouter un trait utile. C'est au 24 juillet 1843,
date de l'ordonnance qui appela le baron de Mackau au
ministère de la marine, que s'attache notre pensée.
L'œuvre administrative de l'amiral est ce que nous vou-
lons mettre en lumière.

Accepter le portefeuille de la marine et des colonies
en 1853, c'était prendre en main une lourde tâche. L'o-
pinion des chambres législatives, celle de la chambre des
députés surtout, commençait alors à entrer, à l'égard de
la marine, dans cette voie d'exigence et de défiance mal
définies où les assemblées accusent volontiers le présent
des erreurs du passé, et, pour satisfaire à ce qu'elles
jugent immédiatement nécessaire, aggravent ces erreurs
en sacrifiant l'avenir aux besoins du moment. Cette opinion poussait au développement prématuré des armements, sans réfléchir que les armements dépensent et
ne créent rien. Et comme le désir d'avoir une marine
immédiatement active ne dispensait pas de ménager les
crédits d'un budget obéré, l'excès des armements tournait au détriment de l'approvisionnement et des constructions neuves de la flotte. Cet entraînement, que la
politique née des complications de 1840 rendait plus
ardent encore en 1843, n'était pas nouveau. Ce qui était
nouveau depuis 1840, c'est que les chambres offraient
des augmentations de crédit pour accroître les armements. De 1830 à 1840, et sous l'empire des difficultés
financières qui suivent toujours les révolutions, les chambres n'avaient eu qu'une préoccupation, celle de réduire
les dépenses. Or, à part même ce que les intérêts
commerciaux peuvent ajouter dans certains temps au

sentiment de la nécessité d'une marine puissante, on voyait, chaque année, le cours seul des événements et le développement de nos rapports politiques dans la Méditerranée exiger des armements plus nombreux et toujours supérieurs aux prévisions du budget. C'est ainsi que chaque année voyait s'appauvrir progressivement les approvisionnements en magasin et s'arrêter l'avancement des constructions sur les chantiers.

Si l'amiral de Mackau, continuant cette tradition, s'était laissé entraîner à la poursuite de cette chimère d'une grande flotte entretenue à la mer sans réserve d'approvisionnements pour la remplacer, il aurait sans doute évité bien des luttes parlementaires; mais, en 1852, la France, trouvant dans ses ports des vaisseaux, des bâtiments à vapeur, fatigués avant le temps par une activité stérile, eût été impuissante à doubler ses moyens d'action à la mer, comme l'a su faire M. Théodore Ducos avec les ressources amassées dans les arsenaux depuis 1844. Toute l'habileté du ministre de l'Empereur aurait échoué à faire naître ces ressources que le temps seul et la persévérance donnent à la main prévoyante qui s'est appliquée à les grouper. On n'improvise rien en marine. Succédant à deux marins illustres, l'amiral Duperré et l'amiral Roussin, qui avaient usé leurs forces à défendre les intérêts qu'ils avaient si noblement servis, il fallait que le nouveau ministre de la marine eût bien des titres à la confiance publique pour oser contester ce qu'il leur avait fallu subir. Ce fut son premier acte. Un rapport au roi, du 16 septembre 1843, signala sans restriction le vice de la situation financière du département. L'année avait commencé pour le budget de la marine avec un déficit

prévu et déclaré: cë déficit, accru par des besoins extraordinaires d'armements, s'élevait pour l'année seulement
à treize millions de francs et ne pouvait être couvert que
par un prélèvement nouveau sur les approvisionnements
en magasin, ou par l'ouverture d'un supplément de
crédit. Le ministre n'hésitait pas à demander d'urgence
l'ouverture, par la voie d'une ordonnance royale, sans
attendre la réunion des chambres, d'un premier crédit
extraordinaire de six millions. Cette ordonnance ratifiée,
complétée plus tard par une loi qui combla le déficit,
ne souleva aucun murmure; on pourrait dire qu'elle
ne rencontra pas même d'étonnement. A dater de ce
jour, la marine entrait dans la voie de l'ordre. A dater
de ce jour, elle a cessé de dépenser les approvisionnements sans en assurer le remplacement immédiat;
elle a cessé de se faire, sans contrôle, sur les ressources enlevées à la prévoyance, un second budget à
côté du budget officiel voté sciemment au-dessous du
nécessaire par les chambres, dont jusque-là les scrupules ne s'étaient pas éveillés sur l'énormité de ce
désordre que depuis quinze ans la loi couvrait chaque
année.

C'est qu'au ministère de la marine, M. de Mackau
apportait un renom d'administrateur fondé sur sa longue
expérience, sur la variété de ses études et sur les heureux résultats obtenus dans les grandes fonctions dont il
avait été revêtu soit en France, soit à la mer et dans les
colonies. On connaissait cet esprit d'ordre et de méthode,
de travail consciencieux et persévérant, de modération
et d'activité combinées, qui avaient signalé toutes les
phases de sa carrière depuis les campagnes du *Golo*, de

l'*Eurydice* et de la *Clorinde*, jusqu'à l'importante négociation de la Plata, qui venait d'ajouter un service éclatant à tous ceux qui avaient motivé le rapide progrès de sa fortune militaire, et qui lui donnait dans les chambres l'ascendant inséparable du succès. On attendait beaucoup de lui et l'on prêtait la main à ses réformes, jusqu'à ce que, devançant, par une impatience dont le patriotisme est la seule excuse, le développement régulier des principes posés dans le rapport du 16 septembre, on se fit de ces principes si longtemps oubliés des armes pour harceler le ministre qui les avait remis en honneur, un texte d'accusation pour faire à tout propos le procès au département de la marine tout entier.

Cependant la marine recueillait les premiers fruits de l'initiative du ministre et de la munificence du pays. Le budget de 1845, celui de 1846, calculés pour la première fois sur la prévision des besoins réels, et votés sans réduction; l'approvisionnement de prévoyance recevant un premier aliment; les constructions neuves de la flotte reprises et augmentées parallèlement aux travaux de réparation; la réorganisation du service administratif des ports et de l'administration centrale; l'institution d'un contrôle indépendant et représenté à Paris près du ministre; le rétablissement de l'unité théorique du magasin général; l'organisation d'une comptabilité en matières, soumise, comme la comptabilité en deniers, au contrôle de la cour des comptes, donnaient des bases solides à la reconstruction de l'établissement naval de la France. Mais, comme si l'esprit d'opposition eût résolu de proportionner ses progrès à la marche des améliorations, et de frapper d'autant plus fort qu'il avait en face de lui une administration plus digne d'être soutenue, on vit, spectacle douloureux! le ministre de la marine attaqué avec un acharnement dont les temps antérieurs n'avaient même pas soupçonné les violences. La marine avait long-temps langui; l'administration n'avait alors pour agres-seurs que quelques médiocrités parlementaires sans écho. Elle donnait des preuves de vitalité; ceux qui travail-laient à la régénérer voyaient se former contre eux une formidable ligue de presse et de tribune!

Le procès de Rochefort, contre un directeur des sub-sistances livré aux tribunaux sur la plainte du contrôle et par l'ordre même du ministre, avait donné un aliment à cette disposition des Chambres. L'incendie du Mouril-lon, resté inexplicable après les recherches les plus ac-tives, vint encore l'irriter, en offrant un thème à ces ca-lomnies qui trouvent un écho trop complaisant dans les esprits que le doute a entamés. Alors la tâche devint réel-lement pénible pour ce ministre, contre lequel on se tournait si vite et si injustement, après l'avoir si vivement accueilli. Pas une mesure intéressant la marine ne se discutait dans la Chambre des députés, sans fournir l'oc-casion des récriminations les plus ardentes et les plus vaines. Un moment arriva où, pour une grande partie de l'assemblée, la seule question à résoudre semblait pou-voir se résumer ainsi : Le désordre est flagrant; quelle en est la cause : l'incapacité ou l'improbité? La discussion de la loi du budget des dépenses de 1846 fit déborder un mécontentement et, disons-le, de tristes passions que chaque incident venait grossir. Il en sortit une demande d'enquête. Le mot d'enquête parlementaire fut prononcé; il fut prudemment retiré ; la majorité conservatrice n'au-

rait pas accordé une enquête *parlementaire*, non par conviction que le soupçon fût immérité, mais par la crainte
de compromettre le ministère.

C'est alors qu'un député imagina le biais d'une enquête administrative, et, sur sa proposition, l'article
suivant fut inséré dans la loi du 11 juillet 1845 : « A
l'ouverture de la session de 1846, il sera distribué aux
Chambres un compte spécial et détaillé de la situation
de l'inscription maritime et des équipages de ligne, de
l'état des bâtiments de la flotte, de l'approvisionnement
des arsenaux et des constructions navales. » Le ministre
avait accepté ce vote, qui semblait impliquer un blâme.
Il y avait entrevu l'occasion de faire entendre enfin la vérité : il l'avait saisie. Le compte demandé ne se fit pas
attendre. Adressé au roi le 20 décembre 1845, ce docu-
ment fut distribué à l'ouverture de la session. Les premiers mots laissaient paraître la pensée du ministre.
C'était un large sacrifice qu'il allait demander à ce patriotisme sincère, bien qu'aveugle, dont il avait si patiemment accepté les attaques, pour le faire concourir à son
œuvre de réédification. « Un tel travail, disait-il, aurait
été pour ainsi dire sans objet, s'il avait dû se borner à
un exposé des ressources de toute nature dont la marine
dispose chaque année. En effet, deux documents formés
d'éléments authentiques, le budget et le compte des dépenses, présentent la situation exacte de ces ressources,
et justifient fidèlement de l'emploi qui en est fait. En
adhérant, au nom du gouvernement, à la disposition lé-
gislative que je viens de rappeler, j'ai envisagé d'un autre
point de vue le but qu'elle doit atteindre. J'ai compris
qu'une occasion favorable était offerte pour fixer nette-

ment l'opinion des Chambres et du pays sur les besoins
réels de la marine, dans les circonstances actuelles, et sur
l'étendue des sacrifices nécessaires pour y pourvoir régulièrement chaque année. »

Un exposé complet, dressé dans l'ordre indiqué par le
vote du 11 juillet 1845, et mettant à nu, d'une part les
causes de l'état de la flotte et des arsenaux, de l'autre cet
état lui-même, montré sans réserve, sans exagération,
sans atténuation, motivait les conclusions du rapport,
c'est-à-dire l'indication des besoins et celle des sacrifices.
Le ministre proposait à la France une flotte de trois cent
quatre-vingt-dix bâtiments (deux cent quatre-vingt-dix
à voile, comprenant quarante-quatre vaisseaux et soixante-
six frégates : cent bâtiments à vapeur, comprenant trente
bâtiments de guerre proprement dits) ; un approvisionnement normal qui dotât les arsenaux d'un assortiment
complet des bois, des métaux, des chanvres, des toiles,
des brais, goudrons et résineux nécessaires pour subvenir aux besoins de la marine, pour une durée calculée
sur la difficulté plus ou moins grande de les réunir, c'est-
à-dire, trente ans pour les grandes mâtures, dix ans
pour les petites, cinq ans pour les bois de construction,
trois ans pour les métaux, de un à deux ans pour les
chanvres et toiles, deux ans pour les résineux, huit mois
pour le charbon de terre, etc.

Pour atteindre ce but, il fallait construire dix-sept vaisseaux, vingt-huit frégates, trente-sept corvettes, quarante-
huit bâtiments de moindre force à voile ; huit navires de
première classe à vapeur et vingt-quatre de seconde
classe. Il fallait acheter trois mille cinq cents mâts du nord,
trente-six mille stères de bois de chêne, quatorze mille

deux cents stères d'autres bois, dix millions de kilogrammes de métaux, trois millions cent vingt-sept mille kilogrammes de chanvres et de toiles, deux millions de kilogrammes de brais, de graisses et de résineux, cinquante-huit mille deux cents tonnes de charbon. Au rapport était joint un projet de loi demandant cent onze millions trois cent quatre-vingt-quatorze mille francs pour les constructions neuves avec les matériels d'armement et d'artillerie et les machines à vapeur nécessaires; vingt-trois millions cinq cent mille francs pour le complément de l'approvisionnement de prévoyance : au total, cent trente-cinq millions à répartir entre sept années, le sacrifice pour chaque année se trouvant ainsi fixé à dix-neuf millions trois cent mille francs.

Cette réponse, aussi précise qu'inattendue, à une accusation mal déguisée, produisit un grand effet. La justification du ministre parut dès le premier jour éclatante. Elle se recommandait encore à tous les yeux par la modération du langage de l'exposé, qui, tout en laissant clairement pénétrer les causes de la situation constatée, n'accusait personne, et s'appliquait à déverser sur les circonstances une responsabilité dont l'attribution n'intéressait pas l'œuvre de recomposition si patiemment poursuivie. La loi des cent trente-cinq millions (ou, comme on l'a dit, en attribuant la différence à la charge du budget ordinaire, la loi des quatre-vingt-treize millions) fut votée dans les deux Chambres à l'unanimité. Ce vote mémorable, qui était pour l'amiral une si noble revanche du vote de défiance de 1845, fut précédé, le pays tout entier s'en souvient, d'une des discussions les plus complètes et les plus imposantes qu'aient enregistrées les an-

nales parlementaires. MM. Thiers, de Lamartine, de
Montalembert, y luttèrent d'éloquence et de savoir. L'a-
miral y prit une part capitale, aux applaudissements des
deux Chambres.

Ce retour de confiance de la Chambre des députés ne
devait malheureusement pas être de longue durée. Les
questions coloniales avaient pris à leur tour, dans la
Chambre, un ton passionné. Sur ce terrain, le ministre
se voyait débordé, lui qui avait tant fait personnellement
pour la solution libérale et conservatrice à la fois de ces
questions si délicates qui touchaient aux conditions es-
sentielles d'une organisation sociale! Il constatait avec
chagrin que cette grande pensée d'amener graduellement
les esclaves à la liberté sans violence, sans secousse, sans
perturbation profonde des fortunes coloniales, ne trouvait plus dans la majorité de la Chambre que des parti-
sans tièdes et indécis, dans le conseil qu'une sorte d'indifférence.

Il semblait qu'un tel problème, dont la solution avait
préoccupé si longtemps les intelligences les plus élevées,
n'intéressât plus qu'indirectement la métropole désaffec-
tionnée de ses colonies ; et ce n'était certes pas un avertissement à dédaigner ni un médiocre sujet de tristesse,
que l'attention complaisante prêtée par l'assemblée aux
ardentes improvisations du tribun qui s'essayait déjà
aux triomphes, si imprévus à la fois et si prochains, de
l'insurrection de 1848. Un échec, dans une question où
il avait obtenu le suffrage de la Chambre des pairs, plaça
l'amiral dans le cas de résigner son portefeuille. Il sortit
du cabinet le 10 mai 1847, pour ne plus rentrer au
pouvoir.

Les quatre ans de son ministère ont porté leurs fruits. Si l'on compare l'état des bâtiments armés, celui des approvisionnements, les valeurs de ces approvisionnements, et enfin la valeur totale du matériel de la marine, en 1843 et 1848, on reconnaîtra combien cette administration a été féconde.

Il avait trouvé dans les ports, en 1843, trois cent vingt bâtiments, dont deux cent cinquante-sept à voiles (parmi lesquels quarante-six vaisseaux et quarante-six frégates), et soixante-trois bâtiments à vapeur. Il laissait, à la fin de 1847, trois cent soixante-quatre navires, dont deux cent soixante-neuf à voiles (parmi lesquels quarante-six vaisseaux et cinquante-six frégates), et quatre-vingt-quinze bâtiments à vapeur.

Il laissait, en 1847, deux cent seize mille stères de bois de chêne dans les magasins, où il en avait trouvé cent quarante-sept mille cinq cent en 1843. Malgré des consommations toujours croissantes, la valeur totale des approvisionnements avait monté dans ses mains de trois cent quatre-vingt-quatre à quatre cent vingt-deux millions de francs; la valeur totale du matériel de la marine de six cent vingt-deux millions à six cent quatre-vingt-treize.

Assurément ce sont là des chiffres éloquents; mais ils ne montrent qu'une partie du bien accompli sous la direction ou sous l'influence de l'amiral de Mackau. C'est à lui que la marine doit l'impulsion active et prudente imprimée à la formation de la flotte à vapeur. Dans la ferveur de sa prédilection pour ces bâtiments si mobiles, mais alors si peu propres encore au combat, le prince de Joinville, avant Tanger et Mogador, n'aurait pas hésité à conseiller l'abandon des vaisseaux à voiles; le ministre tempérait des conseils de sa vieille expérience cette ardeur de conviction dont l'exagération même a si utilement servi le progrès des constructions nouvelles. C'est l'amiral de Mackau qui, le premier, soumit à une étude systématique dans les ports les questions relatives à la navigation à vapeur; c'est à lui que revient l'honneur d'avoir institué cette grande commission, présidée par le prince amiral, qui a préparé l'organisation consacrée par l'ordonnance du 10 novembre 1845; c'est lui qui a donné à la France sa première frégate mixte, la *Pomone*; son premier vaisseau mixte, le *Montebello*. C'est sous son ministère qu'avec l'appui direct et opiniâtre du prince de Joinville l'ingénieur Dupuy de Lôme étudiait le projet du vaisseau à hélice le *Napoléon*, que M. Guizot, comme ministre intérimaire de la marine, après la retraite de l'amiral de Mackau, devait faire mettre en chantier.

De même que le matériel, le personnel de tous les corps de la marine a gardé dans son organisation la trace de ce ministère réparateur. Officiers de vaisseau, ingénieurs, commissariat, contrôle, service de santé, artillerie, infanterie de marine, équipages de ligne, mécaniciens et chauffeurs, ouvriers des arsenaux, tous ces corps qui concourent dans leur diversité à l'ensemble d'un service si complexe, ont reçu des accroissements ou des améliorations. La plus paternelle de ces mesures est l'institution d'une demi-solde de congé, en faveur des premiers et seconds maîtres de la flotte. Elle a donné à ces serviteurs, si dignes d'intérêt, le pain qu'un congédiement subit les réduisait trop souvent à mendier. Elle a gravé son nom dans leur mémoire comme celui d'un bienfaiteur.

Ici se termine une tâche que nous aurions voulu mieux remplir. Nous n'avons parlé que du ministre, non pour le louer, comme nous serions si naturellement entraîné à le faire, mais pour constater des faits qui appartiennent à l'histoire de la marine, et qui ne doivent pas en être effacés. Un mot les résume : En 1820, le baron Portal avait appris à la marine à quelles conditions elle pouvait éviter sa ruine. Ses successeurs, tout en affirmant ces conditions, s'étaient résignés à ne pas les obtenir. L'amiral de Mackau voulut que la marine cessât de vivre au jour le jour, et qu'au lieu de s'étourdir sur l'avenir, comme les prodigues, elle comptât avec le présent pour doter l'avenir. Ce fut la pensée de son ministère, et ce sera son honneur de l'avoir réalisée.

L'homme privé, dans l'amiral de Mackau, a toujours été à la hauteur de l'homme public. Il finit comme il avait vécu, laissant derrière lui, avec les utiles actions qui ont rempli sa carrière, l'exemple de la fermeté d'âme aux approches de la mort. Rien n'est touchan et fait pour commander le respect comme le témoignage rendu de cette mort d'un soldat chrétien par M. l'abbé de Guerry, qui l'assistait à la dernière heure :

« Jamais, s'écriait l'éminent orateur, jamais ne s'effacera de notre esprit le moment où, nous ayant fait appeler, après nous avoir témoigné en quelques paroles affectueuses son estime et son attachement, il nous dit que sa fin approchait, qu'il avait confiance en la miséricorde infinie, et qu'il nous priait de le bénir une dernière fois. Alors il se recueillit ; il joignit les mains, il découvrit sa belle tête, il la baissa respectueusement, et son front nous apparut comme enveloppé de l'auréole de l'éternelle gloire. »

A quelque communion, à quelque doctrine qu'on appartienne, il est impossible de ne pas s'incliner devant ce tableau tracé par une parole convaincue. Des nombreux témoins groupés dans · la nef de la Madeleine autour du cercueil, nul n'était préparé à cette scène émouvante. L'église, dans l'austère gravité de son rite funèbre, n'admet pas habituellement ces adieux personnels du pasteur, même aux plus grands de ceux qu'il a comptés parmi ses fidèles. Les parents, les amis de l'amiral, ceux-là même qui n'étaient venus accomplir qu'un devoir de déférence, et qui ont entendu cette parole pénétrante, en garderont au cœur l'ineffaçable souvenir.

Telle a été la fin de l'amiral de Mackau.

Ce n'est pas celle qu'il avait secrètement rêvée. Après avoir marqué son premier jour de commandement, à vingt-trois ans, par une de ces actions d'éclat qui annoncent les hommes de guerre; ayant mérité que l'empereur Napoléon, dans toute sa puissance, écrivît, en marge du rapport qui proposait de récompenser du grade d'enseigne le jeune vainqueur de l'*Alacrity* : « *Quand à cet âge on débute d'une manière aussi brillante, il ne faut pas rester longtemps dans les grades inférieurs : Lieutenant de vaisseau et la croix.* » Devenu successivement, après la navigation la plus active sur tous les points du globe, directeur d'administration, membre de nos grands conseils, gouverneur de nos colonies avec pouvoirs exceptionnels; investi des commandements les plus importants à la mer; le négociateur armé et trois fois heureux d'Haïti, de Carthagène d'Amérique et de Buenos-Ayres; député, pair de France, sénateur, grand-croix de la Légion d'honneur, couvert des insignes des ordres de chevalerie de l'Europe; ministre-secrétaire d'État, l'un des trois amiraux de France, le baron de Mackau, dont l'histoire dira qu'il fut pour la marine française, comme le baron Portal, un ministre réparateur, retiré du mouvement des affaires sans cesser de coopérer par la pensée, souvent par le conseil, aux progrès de la marine, goûtant au sein de sa famille, près de sa femme, de ses deux enfants, de sa sœur, qu'il aimait tendrement, un repos juste récompense de sa carrière de cinquante années, l'amiral n'avait gardé au fond du cœur qu'une ambition dont il laissait parfois pénétrer le secret à ses amis : Commander une flotte dans une de ces grandes guerres comme celle que la question d'Orient a fait éclater, et, qui sait? terminer au feu sa vie militaire comme il l'avait commencée. Il ne devait pas obtenir cette dernière satisfaction. Il a succombé à l'atteinte inattendue d'un mal sans remède. Il a dû laisser à ses successeurs plus heureux le poids de la guerre et l'honneur d'un succès qui ne doit faire oublier ni ses grands services, ni l'influence féconde qu'il a exercée sur l'avenir de notre belle marine.

GIRETTE.

Décembre 1855.

# NOTICE

# L'AMIRAL DE MACKAU

PUBLIÉE EN 1855

# NOTICE

## SUR

# L'AMIRAL DE MACKAU

MACKAU (ANGE-RENÉ-ARMAND, baron de), amiral de France, ancien ministre de la marine et des colonies, chevalier de Saint-Louis, grand-croix de l'ordre de la Légion d'honneur, grand-croix de l'ordre du Sauveur de Grèce, grand-croix de l'ordre de l'Épée de Suède, est né à Paris le 19 février 1788.

M. de Mackau est issu d'une famille ancienne et distinguée, originaire d'Irlande, qui accompagna en France le roi Jacques II. Son grand-père et son père ont été ministres du roi de France dans des cours étrangères ; sa grand'mère, la baronne de Mackau, qui, depuis qu'elle avait perdu son mari, vivait retirée en Alsace, en fut rappelée par le roi Louis XVI, sur sa haute réputation de sagesse et de vertu, pour devenir sous-gouvernante des enfants de France, et demeura, dans la suite, spécialement chargée de l'éducation de Madame première, depuis Dauphine de France.

Doué de brillantes facultés, rapidement développées par l'éducation la plus soignée, M. de Mackau pouvait prétendre à toutes les carrières ; celle de la diplomatie lui était ouverte par sa famille, et il l'eût probablement embrassée si une circonstance particulière n'était venue décider autrement de son avenir. Élevé dans la même institution que le prince *Jérôme*

*Bonaparte*, il accepta avec empressement l'offre que lui fit
le prince, en 1805, de faire sous ses ordres la campagne
qu'il allait entreprendre sur le vaisseau le *Vétéran*, dont le
prince venait de recevoir le commandement. Le *Vétéran* faisait partie de l'escadre du contre-amiral Willaumez, chargée
de parcourir l'Atlantique et la mer des Antilles, avec ordre
de rançonner les possessions des Anglais et de détruire leurs
navires de commerce.

Dans cette expédition, le jeune de Mackau fit preuve de
beaucoup de zèle, d'intelligence et d'activité ; il fut nommé
aspirant provisoire, et cette nomination fut confirmée au
retour.

Après une nouvelle navigation sur la frégate l'*Hortense*,
dans les mers des Antilles, M. de Mackau est nommé aspirant de première classe, à la suite d'un brillant examen, et
en cette qualité, attaché au contre-amiral François Baudin.
Ce dernier, se confiant dans les qualités que le nouvel aspirant avait manifestées dès son début, lui donna le commandement d'une section de gardes-côtes à Rochefort. Le poste
était périlleux, et la vigilance devait être grande. Placé en
face de l'ennemi, M. de Mackau ne se laissa point surprendre.

Cinq ans s'étaient déjà écoulés, lorsque, pourvu du grade
d'enseigne provisoire, le jeune officier passa comme second
sur le brick l'*Abeille*, commandé par M. Bonafoux-Murat. Le
capitaine était absent quand l'ordre parvint à Livourne de
faire partir l'*Abeille* pour la Corse. Le brick, expédié sous le
commandement de M. de Mackau, arrive en vue de cette île
le 26 mai 1811. C'est là que l'*Abeille* rencontra le brick anglais l'*Alacrity*, armé de vingt caronades de trente-deux, tandis que le brick français n'en portait que d'un calibre in-
férieur. Le capitaine de l'*Abeille* trouva cette rencontre trop
heureuse pour la manquer. A cette époque, comme toujours,
notre marine n'a jamais éprouvé de plus grande joie que
celle de se mesurer avec des forces égales ou supérieures.
M. de Mackau, par une heureuse et habile manœuvre, at-

taque avec succès l'*Alacrity*, met les officiers et une partie de l'équipage de ce brick hors de combat, et le conduit à Bastia après l'avoir forcé de se rendre. Cette affaire, dans une pareille circonstance, était des plus remarquables, et le jeune de Mackau n'avait pas craint d'assumer sur lui une grande responsabilité.

Sur le rapport de M. le vice-amiral Decrès, ministre de la marine, le jeune second est fait lieutenant de vaisseau et chevalier de la Légion d'honneur; pour que la récompense soit complète, l'*Alacrity* est confié au commandement de M. de Mackau. Il utilisa vaillamment sa capture, qui lui servit à prendre et à détruire plusieurs corsaires.

Au mois de janvier 1812, il en rencontra deux qui venaient d'enlever et de conduire à l'île de Januti deux navires de commerce français, dont ils s'étaient emparés sous le cap Argental.

Il combina ses moyens d'action avec la sûreté de vues dont il avait déjà donné des preuves. Il manœuvra de nuit de manière à se trouver au jour à portée de combattre les corsaires. Il les joignit alors en louvoyant sous le feu de l'ennemi, et ne tarda point d'aborder et d'amariner les deux bâtiments, dont les équipages se réfugièrent à terre. Puis, les ayant amenés avec leurs prises au port de San-Stephano, il revint à Januti pour compléter son succès en forçant les équipages dispersés à se rendre à discrétion.

En récompense de cette belle action, M. de Mackau fut promu au grade de capitaine de frégate, par décret impérial du 7 février 1812.

Jusqu'en 1816, la position de M. de Mackau resta la même; mais, à la Restauration, le capitaine de frégate de la marine impériale, comprenant que son rôle allait changer et qu'il pourrait parcourir librement les mers, sollicita une mission du nouveau gouvernement.

Le capitaine de Mackau fut placé comme second à bord de la frégate l'*Eurydice*, commandée par M. le capitaine de vais-

seau Meynard de la Farge. Il commença ainsi à porter ses
explorations sur plusieurs points du globe, en faisant une
ample moisson de connaissances théoriques et pratiques,
dont il devait plus tard tirer les plus utiles fruits dans les
postes élevés qui l'attendaient.

A son retour, le baron de Mackau obtint, en 1818, le
commandement de la corvette le *Golo*, avec la mission de
toucher à Bourbon pour y déposer un nouveau gouverneur,
et de se rendre ensuite à Madagascar, afin d'y régler les intérêts de la navigation, et d'étudier les rapports commerciaux ou autres qu'il pouvait y avoir à établir avec cette île.
Rentré à Brest le 15 juin 1819, après une absence de treize
mois, il reçut de M. le baron Portal, alors ministre de la marine, plusieurs dépêches contenant les témoignages les plus
honorables sur les résultats de sa campagne.

A son arrivée à Paris, M. de Mackau fut chargé de rédiger
un mémoire sur l'exécution des plans de colonisation relatifs
à Madagascar.

Ce fut après tous ces services qu'une ordonnance royale
du 1er septembre 1819 l'éleva au grade de capitaine de vaisseau.

A cette époque, le Sénégal préoccupait tous les esprits ; le
gouvernement penchait pour la colonisation ; une forte opposition s'élevait contre cette tendance, et objectait que les frais
seraient énormes et sans produits. Le ministère, avant de
prendre un parti, voulut éclairer sa conscience et donner satisfaction aux opposants ; le baron Portal chargea le capitaine
de Mackau d'élucider la question sur les lieux mêmes. Au
Sénégal, le capitaine interrogea le commerce et les hommes
d'expérience ; et, sur les renseignements qui lui furent fournis, ainsi que d'après la connaissance qu'il avait prise de
toutes choses, il adressa son rapport au gouvernement, et
conclut qu'il fallait faire du Sénégal un comptoir, mais non
un établissement agricole.

Cette opinion prévalut, et le ministère renonça à son projet de colonisation. Ce travail mérita à son auteur la nomination de gentilhomme de la maison du roi.

Dans cette situation nouvelle, au lieu de se fixer plus longtemps à Paris, comme il en avait le droit, le baron de Mackau voulut reprendre la mer.

Nommé au commandement de la *Clorinde*, frégate de 58 canons, il partit au mois d'août 1821 pour se rendre dans l'océan Pacifique. Cette campagne dura plus de deux ans, pendant lesquels il eut la mission importante d'observer la situation réelle des nouveaux États d'Amérique du Sud, et d'y faire prévaloir l'influence de la France, jusqu'au moment favorable où la politique française jugerait utile de reconnaître l'indépendance de toutes ces républiques. Dans cette mission d'une grande délicatesse, M. de Mackau montra beaucoup d'aptitude ; la France acquit l'influence qu'elle recherchait, et le commerce obtint un grand avantage par l'abaissement du tarif des droits de douanes, que ces États avaient portés si haut qu'ils équivalaient à une prohibition.

Saint-Domingue nous avait échappé et était érigé en république, sous la présidence de Boyer. C'était un fait accompli. Le gouvernement français, déterminé à reconnaître le nouvel État, tenait à faire accepter en même temps par la République noire une ordonnance d'affranchissement, rendue le 17 avril 1825. Le baron de Mackau, dont le nom était connu dans les Antilles, fut choisi pour cette mission, difficile à cause des termes dans lesquels l'ordonnance était conçue. Cette négociation fut habilement conduite. Le président Boyer accepta l'acte d'affranchissement. A son retour à Brest, le 28 août, M. de Mackau reçut le brevet de contre-amiral. Le 1er septembre, il arbora son pavillon sur le *Circé*. Sa nomination au garde de capitaine de vaisseau remontait à six années auparavant.

Trois ans plus tard eurent lieu les préparatifs de l'expédition maritime qui devait être dirigée contre la régence d'Alger, afin de venger l'honneur du pays attaqué dans la per-

sonne de son représentant. Le cœur de la marine bondissait
de joie à la réunion armée de toutes ces voiles, de cette flotte
immense ; mais l'opinion publique hésitait encore, car il s'a-
gissait de détruire un repaire formidable dans lequel une
flotte espagnole avait succombé, et le pavillon anglais avait
mieux aimé traiter que de se risquer.

Le contre-amiral de Mackau, nommé membre du conseil
d'amirauté en avril 1828, et directeur du personnel au ministère de la marine le 17 septembre 1829, avait été désigné
pour faire partie d'une commission mixte chargée d'examiner le projet de cette grande expédition. Il contribua de
tous ses efforts à l'adoption de ce projet, contre lequel beaucoup d'objections furent en vain élevées ; il lui resta l'unique
et vif regret de n'avoir pu être appelé à prendre part à sa
glorieuse réalisation.

A la Révolution de juillet, il donna sa démission de directeur du personnel au ministère de la marine, mais il continua à siéger à la Chambre des députés, où l'avaient envoyé
les électeurs de Lorient. Plus tard, quand l'émeute gronda
dans Paris, lorsqu'à la suite de soulèvements violents l'ordre se trouva courir plus de risques que la liberté, M. de Mackau, plaçant avec raison ses devoirs de citoyen et de soldat
avant ses sympathies politiques, prit la résolution de se ral-
lier, pour le maintien de la paix et des lois, au nouveau gouvernement, et vint en personne offrir au roi ses services et sa
loyauté.

En avril 1833, au moment de la guerre entre la Belgique
et la Hollande, le contre-amiral de Mackau reprend la mer
et commande l'escadre des Dunes. C'est sur la frégate l'*Atalante* qu'il porte son pavillon. La situation était menaçante
pour la politique européenne ; il importait d'agir promptement pour y mettre un terme. La saison était avancée et les
parages dangereux; il fallait un homme de mer expérimenté,
et ce fut encore là un mandat que le contre-amiral de Mackau sut remplir avec autant d'habileté que de bonheur. Il

réussit, par l'aménité de son caractère et par la courtoisie
de ses manières, à se concilier de toutes parts des sentiments
d'estime et de sympathie; car, au moment où il quitta Deale,
cette ville présenta au commandant de l'escadre des Dunes
une adresse conçue en des termes très-flatteurs et fort honorables.

Rentré à Cherbourg au mois de septembre suivant, M. de
Mackau alla immédiatement prendre le commandement de
la station des Antilles. Cette mission devint difficile, à cause
des insultes et des mauvais traitements qu'avait eus à supporter M. Adolphe Barrot, notre consul à Carthagène (Nouvelle-Grenade).

Le contre-amiral instruit l'affaire, et, après une enquête
minutieuse, ayant reconnu l'injure qui avait été faite au
consul, il demande une réparation digne de relever l'honneur du pavillon consulaire. La République grenadine ayant
refusé d'accéder aux propositions de l'amiral, celui-ci en
référa au gouvernement français. Après un an d'attente,
l'ordre d'agir étant arrivé, M. de Mackau se rend sans aucun
délai sous Carthagène, force la passe de Boca-Chica, et, dans
cette position, devient maître de tourner les forts de l'entrée du port. Sa vigilance s'étend à tout : il fait surveiller les
abords de la ville pour empêcher le cabotage d'y introduire
des vivres et des munitions. Le gouvernement de la République, voyant qu'une résistance plus longue serait inutile,
accepte enfin la voie des négociations, et après trois semaines
de pourparlers, satisfaction pleine et entière est accordée au
consul Adolphe Barrot.

Tant que le baron de Mackau commanda aux Antilles,
il entretint les meilleures relations avec les États du
Sud; nos possessions furent efficacement protégées, et
ses rapports avec les gouvernements danois, espagnol et
anglais, dans les îles de l'Archipel, furent tous de bonne
amitié.

Il revint en France en 1833, et, dans son retour, il in-

specta nos pêcheries de Saint-Pierre et Miquelon, ainsi que
de Terre-Neuve.

Par suite de différends survenus entre la France et les
États-Unis, la guerre devenait imminente ; le cabinet français, qui savait combien le contre-amiral de Mackau avait
une connaissance parfaite de toutes choses sur les côtes de
l'Amérique, et quelle expérience il avait acquise par plusieurs
missions dans ces parages, le nomma, en février 1836, commandant en chef des forces de terre et de mer aux Antilles,
et gouverneur de la Martinique.

Une escadre, composée de plusieurs vaisseaux et frégates
et d'un certain nombre de bâtiments légers, avait été placée
sous ses ordres.

Si cette grande démonstration maritime avait eu les conséquences que tout annonçait, si la collision se fût engagée,
la valeur et l'intrépidité du capitaine de l'*Abeille* et de l'*Alacrity* ne se seraient certes pas démenties ; mais, en présence
de l'arrangement conclu entre la France et les États-Unis,
par la médiation du gouvernement britannique, il restait au
chef tout à la fois militaire et civil, dans les doubles fonctions de commandant des forces navales et de gouverneur,
une carrière assez ample pour des succès qui, sans être aussi
brillants que l'eussent été de nouveaux faits d'armes, n'é-
taient pas moins à la hauteur d'une intelligence d'élite ni
moins dignes d'une universelle estime.

Outre la possibilité, jusqu'alors prévue, d'une rupture avec
l'Amérique du Nord, un autre motif devait exercer la vigilance de l'amiral : l'Angleterre allait frapper un grand coup
par l'émancipation des esclaves dans ses colonies occidentales, si voisines des nôtres.

Cette nouvelle situation, dont aucune expérience ne pouvait faire préjuger les suites, inquiétait le cabinet français.
En vue de l'éventualité de quelques secousses, la réunion de
forces navales extraordinaires dans les mers des Antilles était
une utile précaution, et le nom seul du commandant de ces

forces, dans des parages où il était si connu, concourut, en peu de temps, à ramener la confiance.

Rassuré sur ces divers points, le gouverneur de la Martinique porta les efforts d'une active et infatigable sollicitude vers l'administration. Des réformes étaient nécessaires, il les pratiqua. Les finances de l'île étaient obérées, un déficit antérieur fut constaté par ses soins, et il obtint du conseil colonial de le combler en ramenant l'équilibre dans le budget.

Il administra avec sagesse, vigueur et prudence ; il sut concilier, contenir et ne jamais choquer l'esprit parfois plein de turbulence, le caractère vif et ardent, mais droit et sincère des habitants de l'île.

Le gouvernement, en reconnaissance des éminents services qu'il rendait depuis douze ans dans le grade de contre-amiral, le promut à celui de vice-amiral, le 30 mai 1837.

Cette mission des Antilles terminée, M. de Mackau quitta la colonie au commencement de janvier 1838 ; sa traversée fut rendue périlleuse par une violente tempête, dans laquelle il fit preuve du plus rare sang-froid et qui l'obligea d'aborder en Irlande sur la rade de Cork ; il effectua ensuite son retour en France vers le milieu du mois de mars.

Le 1er avril suivant, il fut de nouveau nommé membre du conseil d'amirauté.

Au mois de juillet 1840, il exerçait la vice-présidence de ce conseil, lorsqu'un nouvel appel fut fait à son zèle autant qu'à son aptitude éprouvée pour les affaires de l'ordre le plus élevé. Il s'agissait de la mission diplomatique et militaire à remplir dans le Rio de la Plata, pour mettre un terme au long différend qui subsistait entre la France et le chef de la République argentine.

Parti de Cherbourg à la fin de juillet 1840, M. le vice-amiral de Mackau rapportait en France, dès le mois de janvier suivant, un traité conclu avec l'État de Buenos-Ayres,

stipulant bien au delà de ce que ses instructions avaient
prévu.

Il appartenait aux débats parlementaires qui ont eu lieu
pendant la session de 1841 de mettre en lumière la valeur
considérable de l'acte que l'amiral venait d'accomplir par une
expédition terminée en moins de six mois. Chacun alors dut
apprécier combien avait été empreinte de dévouement, de
haute droiture et de fermeté inébranlable la ligne suivie par
le négociateur armé, par le vice-amiral ministre plénipotentiaire du roi, dans les circonstances éminemment difficiles au
milieu desquelles il s'était trouvé placé.

Aujourd'hui, pour ne pas sortir des bornes d'un sommaire
historique, et pour ne s'arrêter qu'au résumé de ces débats
et de l'opinion du gouvernement à l'égard du vice-amiral de
Mackau à son retour de cette mission, il suffit de rappeler
les expressions textuelles d'un article publié, par le ministère, au *Moniteur* du 4 mars 1841, et dont la conclusion
était « que M. le vice-amiral de Mackau venait de rendre à
l'État un service signalé ; qu'il y avait déployé tout ce que le
roi et son gouvernement avaient droit d'attendre de lui, sûreté de jugement, fermeté de résolution et habileté, et qu'il
avait mérité toute l'approbation de Sa Majesté et de son gouvernement. »

L'élévation de M. le vice-amiral baron de Mackau à la pai-
rie, par une ordonnance royale du 20 juillet suivant, ne fut
que le juste corollaire de cette déclaration.

Dès sa rentrée à Paris, en arrivant de Buenos-Ayres, M. de
Mackau avait repris au conseil d'amirauté la place qui lui
avait été conservée par deux ministres successifs : les amiraux Roussin et Duperré.

Le 24 juillet 1843, après s'être rendu en juin à Toulon
pour y prendre possession du commandement en chef de
l'escadre de la Méditerranée, il était appelé à succéder à
M. l'amiral Roussin comme ministre de la marine et des colonies.

Les circulaires qu'il adressa aux autorités des ports, aux gouverneurs des colonies, et ses comptes soumis au roi, dans les premiers mois de son installation, témoignèrent immédiatement de son esprit d'ordre parfait et de ses investigations approfondies dans toutes les parties de la vaste administration qui lui était confiée.

Bientôt suivirent des actes importants : une augmentation du cadre des lieutenants de vaisseau, l'institution d'un service du contrôle, depuis longtemps et jusqu'alors inutilement réclamée, la création de l'ensemble et des détails de la comptabilité du matériel, que provoquaient en même temps et les Chambres et la Cour des comptes.

Plus tard sont venues : une première organisation de l'administration centrale en décembre 1844, modifiée et complétée en juillet 1846 ; de graves questions coloniales résolues sur des points divers et lointains ; la manumission de tous les anciens esclaves du domaine public, et un grand nombre de dispositions nouvelles pour le personnel général ou le service des travaux ; une série d'innovations mûrement réfléchies dans des vues de perfectionnement, établies par des décisions ou des ordonnances royales dont l'énumération technique serait longue ici et superflue ;

Puis et surtout, diverses lois proposées, discutées et votées, qui consacrent une pensée constante de régénération et de progrès, et parmi lesquelles se présentent, en première ligne, celles des 18 et 19 juillet 1845, pour l'amélioration du sort des esclaves ; enfin, à la suite d'un dernier compte rendu au roi sur la situation du matériel naval, la demande et l'obtention, en 1846, d'un crédit de quatre-vingt-treize millions, destiné à opérer graduellement, dans une période de sept années, la reconstitution de la flotte et de son approvisionnement de prévoyance sur des bases larges et durables.

Ce résultat capital, qui devait entraîner l'adoption de différentes mesures accessoires, aurait rendu, entre autres, nécessaire l'augmentation successive de plusieurs branches du

personnel. Ainsi se seraient trouvées utilement préparées
les ressources indispensables pour le prompt armement de
la flotte.

Tel est le tableau, à peine esquissé, des faits réalisés ou
des principaux chaînons de l'œuvre entreprise par M. le vice-
amiral de Mackau pendant l'intervalle d'un peu moins de
quatre ans qui a marqué son ministère.

Il était entré au département de la marine en y apportant
cette haute réputation que lui avait méritée dans son arme
une longue série de services distingués. Les expéditions maritimes préparées par ses soins, l'organisation de l'escadre
d'évolutions, la forte direction donnée sur tous les points du
globe à nos divisions et stations navales, la marche générale,
à la fois ferme et éclairée, qu'il a su imprimer à toutes les
branches de l'administration de la marine et des colonies,
ont encore ajouté à la juste considération dont il était l'objet.
Il est sorti du cabinet, afin de demeurer fidèle à l'obligation
honorable de rester d'accord avec lui-même, dans le débat
de la question de l'abolition immédiate de l'esclavage dans
les colonies françaises, jugée diversement par la Chambre
des pairs et par la Chambre des députés.

Au mois de septembre 1847, le roi nomma maréchaux de
France les lieutenants généraux comte Reille et vicomte
Dode de la Brunerie. Le 23 décembre de la même année, le
roi éleva à la dignité d'amiral de France le vice-amiral baron
de Mackau.

# DÉVELOPPEMENT

## DE L'ÉTAT DES SERVICES DE M. LE BARON DE MACKAU

### AMIRAL DE FRANCE ET SÉNATEUR.

---

**Premières campagnes comme novice-matelot, puis comme aspirant provisoire sur le vaisseau le Vétéran et la frégate l'Hortense (années 1805, 1806, 1807 et 1808).**

M. le baron de Mackau est entré dans la marine militaire au mois de novembre 1803, en qualité de novice-matelot sur le vaisseau le *Vétéran*, commandé alors par le prince Jérôme Bonaparte. Ce vaisseau faisait partie de l'escadre placée sous les ordres du contre-amiral Willaumez. Partie de Brest le 13 décembre 1805, l'escadre ne rentra en France qu'après avoir parcouru l'Atlantique dans sa plus grande étendue, visité les parages du cap de Bonne-Espérance, croisé sous l'île Sainte Hélène, sur les côtes du Brésil et de la Guyane, fait rançonner plusieurs des possessions anglaises dans les Antilles, et causé de grands dommages au commerce de la Grande-Bretagne.

De retour en France, M. de Mackau, qui, dès le 15 février 1806, avait reçu des mains du contre-amiral Willaumez une commission d'aspirant provisoire et qui en avait rempli les fonctions pendant toute la durée de la campagne, passa sur la frégate l'*Hortense*, commandée par M. François Baudin, capitaine de vaisseau, lequel avait en outre sous son commandement trois autres frégates, savoir : l'*Hermione*, la *Pénélope* et la *Thétis*. — Ces quatre bâtiments étaient mouillés dans la rivière de Bordeaux, n'attendant pour lever l'ancre que les dernières instructions du gouvernement impérial.

Deux de ces frégates reçurent ensemble l'ordre de partir : ce furent l'*Hortense* et l'*Hermioné*, qui allèrent porter des troupes à la Martinique et croiser ensuite au vent des Antilles, d'où elles se rendirent successivement sur les côtes des États-Unis, puis sur celles de l'Irlande, où elles détruisirent bon nombre de navires du commerce anglais : elles rentrèrent à Brest en 1808.

### Nomination d'aspirant de première classe (octobre 1808).

Peu de temps après son retour en France, M. de Mackau, s'étant présenté aux examens publics qui eurent lieu à Rochefort, y fut reçu aspirant de marine de première classe le 20 octobre 1808. — Dans ce nouveau grade, il fut attaché en qualité de sous-adjudant à l'état-major général de M. François Baudin, qui venait d'être nommé contre-amiral et désigné pour commander l'escadre qu'on armait en ce moment à Rochefort.

### Commandement d'une section de péniches et services successifs à bord de quatre vaisseaux (1808, 1809).

Au mois de juillet de la même année (1808), M. de Mackau avait été détaché de l'état-major général de l'escadre pour prendre le commandement d'une section de péniches. Ces péniches étaient des bateaux d'une construction nouvelle, destinés à protéger les caboteurs français que le blocus et la croisière de l'ennemi resserraient chaque jour plus étroitement sur les côtes de la Saintonge. La section que commandait M. de Mackau était stationnée aux pertuis de Montmusson, et avait pour mission principale de favoriser la marche des convois français, de la rade de l'île d'Aix aux bouches de la Gironde. M. de Mackau eut, dans cette position, plusieurs engagements à soutenir contre les canots armés de

la croisière anglaise, et parvint toujours à mettre les caboteurs français à l'abri de leurs attaques. — Ce ne fut que le
6 septembre 1808 que M. de Mackau quitta ce commandement pour reprendre sa place à l'état-major général de
M. le contre-amiral François Baudin, qui était appelé au commandement d'une autre escadre dans la Méditerranée. Il y
servit successivement, près de cet amiral, à bord des vaisseaux le *Suffren*, le *Robuste*, l'*Annibal* et le *Magnanime*.

### Nomination au commandement provisoire de l'Abeille (avril 1811).

Le 2 février 1810, M. de Mackau eut ordre de se rendre à
Livourne, pour s'y embarquer, en qualité d'enseigne provisoire, sur le brick l'*Abeille*, commandé par M. Bonnafoux-
Murat. — Il y avait quinze mois que M. de Mackau occupait
ce poste, et huit qu'il remplissait à bord les fonctions de second, lorsque M. Bonnafoux-Murat fut appelé à un commandement supérieur, et M. de Mackau chargé provisoirement
de celui de l'*Abeille*.

### Prise du brick anglais l'Alacrity (mai 1811).

Ayant reçu la mission de transporter, sans délai, en Corse,
des poudres de guerre et un détachement de troupes,
M. de Mackau venait d'effectuer ce transport et avait repris la mer pour opérer son retour à Livourne, lorsque, le
26 mai 1811, à la pointe du jour, le brick se trouvant à mi-
canal entre la Corse et l'île d'Elbe, la vigie annonça une voile
à toute vue. On manœuvra pour la reconnaître. A six milles
environ de distance, l'*Abeille* fit les signaux de reconnaissance, auxquels le brick en vue ne répondit point. On conçut
alors l'espoir que c'était un bâtiment ennemi. En effet, lorsqu'on se fut rapproché davantage, l'*Abeille* ayant hissé le pavillon français, en l'appuyant d'un coup de canon, le brick

en vue répondit également par un coup de canon en arborant le pavillon anglais.

Ce fut une grande joie à bord de l'*Abeille* : des cris de *Vive l'Empereur!* annoncèrent les bonnes dispositions de l'équipage, et, les bâtiments n'ayant pas tardé à s'approcher de fort près, un combat très-vif s'engagea entre eux.

Après s'être vaillamment défendu pendant une heure, le brick anglais amena son pavillon.

M. de Mackau s'acquitta du devoir de porter ce fait à la connaissance du ministre par le rapport qu'on va lire :

A bord de l'*Abeille*, le 26 mai 1811, sous voiles devant Bastia.

Monseigneur,

J'ai l'honneur de rendre compte à Votre Excellence de l'engagement qui a eu lieu, le 26 mai, dans le canal de la Corse, entre le-brick de l'Empereur l'*Abeille*, que je commandais provisoirement, et celui de Sa Majesté Britannique l'*Alacrity*, capitaine Palmer.

Le 26, au soleil levé, j'aperçus un brick dans le nord du cap Saint-André (île d'Elbe). Je présumai qu'il était un de ceux de notre flottille de Gênes. Je lui fis, à six milles de distance, les signaux de reconnaissance : il n'y répondit pas. Je fis alors hisser le pavillon de l'Empereur ; il fut appuyé d'un coup de canon et salué par les cris des braves de l'*Abeille*.

J'ordonnai le branle-bas de combat : les vents étaient à l'est : l'ennemi venait sur nous vent arrière, étant exactement est-et ouest l'un de l'autre ; je faisais fasseyer les voiles, afin de ne pas faire de chemin et d'être toujours en position d'enfiler le brick ennemi de l'avant à l'arrière, s'il continuait sa route.

Ce que j'avais prévu arriva : le brick courut en dépendant et vint prendre nos eaux. Dès qu'il y fut positivement, je fis gouverner près et plein, et, lui ayant gagné le vent, je le prolongeai à contre-bord au vent. Aussitôt que nous fûmes par son avant, nous ralinguâmes nos voiles de l'arrière, et, passant à poupe de l'ennemi, nous lui envoyâmes la volée à bout portant; puis nous prîmes les mêmes amures que lui, continuant à le combattre par sa hanche de dessous le vent, à quart de portée de pistolet.

Au bout de vingt minutes, l'*Abeille* avait couru de l'avant et canonnait son ennemi sur son bossoir de tribord. Celui-ci manœuvra pour arriver et nous passer à poupe. Je m'en aperçus, et, faisant arriver aussi promptement que lui, je le combattis par notre batterie de tribord, avec le feu le mieux nourri.

L'ennemi ne pouvant plus tenir notre travers, arriva tout plat. Je fis ralinguer toutes les voiles de l'*Abeille*, et nous lui envoyâmes deux volées à poupe, à la suite desquelles il amena son pavillon.

Pour citer les braves de l'*Abeille*, il faudrait nommer tout l'équipage. C'est aux soins constants de l'enseigne de vaisseau Fortoul que nous avons dû notre grande activité d'artillerie. C'est par l'attention continue de l'enseigne de vaisseau Montaulieu que nous sommes parvenus à primer l'ennemi dans les manœuvres.

L'aspirant de première classe Pujol, remplissant à bord les fonctions d'officier, a rivalisé de soins et de bravoure avec ses camarades ; il était partout où il fallait être.

Le maître d'équipage Paron, le chef de timonerie Bertrand, le capitaine d'armes Parot, le maître canonnier Ganivet, m'ont été d'un grand secours.

Le brick l'*Alacrity* est armé de dix-huit caronades de trente-deux, de deux canons de huit et d'une petite caronade de douze.

L'*Abeille*, de dix-huit caronades de vingt-quatre et de deux canons de huit.

L'*Alacrity* avait un équipage plus nombreux que celui de l'*Abeille*. Ce brick a eu quinze hommes tués et vingt blessés.

L'*Abeille* compte sept tués et douze blessés ; mais il a toujours combattu dans les positions les plus avantageuses.

*Signé* ARMAND DE MACKAU.

Les deux bricks avaient trop souffert dans ce combat, et leurs gréements étaient trop endommagés pour que M. de Mackau pût les conduire à Livourne. Il donna en conséquence l'ordre de gouverner sur Bastia, où l'on arriva le même jour, au grand désappointement d'une frégate anglaise qui, attirée par le bruit de la canonnade, parut le lendemain devant la ville. — A l'occasion de ce combat, M. de Mackau reçut du lieutenant général Morand, gouverneur de la Corse, la lettre suivante :

Bastia, le 27 mai 1811.

J'ai suivi hier le glorieux combat que vous avez livré au brick anglais. J'ai apprécié vos manœuvres et votre bravoure. Chargé par l'Empereur de lui rendre compte directement des événements qui peuvent intéresser le bien de son service, dans le commandement qui m'est confié, je vous prie, monsieur le commandant, de me faire parvenir un rapport, afin que je puisse solliciter de Sa Majesté la récompense qui vous est due, ainsi qu'aux braves qui vous ont secondé. J'ai lieu d'espérer qu'elle sera aussi marquante que l'action d'éclat que vous avez faite.

Je reçois, au moment où j'allais clore ma lettre, votre rapport; je vous remercie : il partira demain pour Paris.

Je vous salue d'affection, brave commandant; je regrette que vous soyez en quarantaine, j'aurais désiré vous donner des preuves de tous les sentiments que vous m'avez inspirés, ainsi qu'aux braves sous vos ordres.                    *Signé* MORAND.

Lorsque les deux bricks furent réparés et en état de reprendre la mer, M. de Mackau les fit appareiller pour Livourne, où ils entrèrent en juillet 1811.

Dans ce port, M. de Mackau trouva les lettres ci-après du commandant de la marine, dans le grand-duché de Toscane, et du duc Decrès, ministre de la marine et des colonies :

Livourne, le 2 juin 1811.

Mon cher commandant,

Je remplis dans ce moment le devoir le plus cher à mon cœur.

S. A. I. madame la grande-duchesse de Toscane, à qui j'ai rendu compte de la conduite que vous avez tenue dans la journée, à jamais mémorable pour la marine française, où vous avez capturé le brick de Sa Majesté Britannique l'*Alacrity*, me charge de vous témoigner, ainsi qu'à votre brave état-major et à votre équipage, toute sa satisfaction, et de vous dire qu'elle a rendu compte à S. M. l'Empereur des détails et de l'issue de cet honorable combat.

                    *Signé* DE LACOUDRAYE.

Paris, le 18 juin 1811.

Je me suis empressé, monsieur, de mettre sous les yeux de l'Empereur les détails que vous m'avez adressés, le 26 mai, sur le combat que vous avez soutenu le même jour dans le canal de la Corse, avec le brick l'*Abeille*, sous votre commandement provisoire, contre le brick anglais l'*Alacrity*, de vingt caronades de trente-deux, dont vous vous êtes emparé.

Vos manœuvres, la résolution que vous avez montrée et l'honorable succès que vous avez obtenu ont satisfait Sa Majesté. J'éprouve un véritable plaisir à vous transmettre ce témoignage, et je ne doute pas que, débutant avec autant de distinction, vous ne sachiez trouver de nouvelles occasions de fixer sur vous l'attention de l'Empereur.

J'espère que, lorsque cette lettre vous parviendra, vous serez de retour à Livourne, où vous aurez heureusement ramené de Bastia le brick l'*Alacrity*, et je suis diposé à proposer à Sa Majesté de vous en confier le commandement, si, comme je le présume, il peut reprendre la mer. Je charge le chef militaire et le commissaire de la marine, à Livourne, de m'adresser un rapport sur l'état de ce bâtiment.

J'ai fait prendre note des témoignages favorables que vous m'avez rendus sur MM. Fortoul, Montaulieu, Pujol, sur les maîtres Paron et Ganivet, sur le capitaine d'armes Parot et le chef de timonerie Bertrand.

Vous voudrez bien m'adresser la liste des sept marins qui ont péri dans le combat que vous avez soutenu, et de ceux qui ont été blessés.

*Signé* Decrès.

### Nomination au grade de lieutenant de vaisseau et admission dans la Légion d'honneur (juin 1811).

Paris, le 18 juin 1811.

Je me suis empressé de rendre compte à l'Empereur, monsieur, des circonstances honorables du combat que vous avez soutenu, le 26 mai dernier, contre le brick anglais l'*Alacrity*, dont vous vous êtes emparé.

Sa Majesté, satisfaite des talents et du courage dont vous avez fait preuve dans cette action, a bien voulu, par décret en date du 14 de ce mois, vous conférer le grade de lieutenant de vaisseau et la décoration de la Légion d'honneur.

Le compte que vous avez rendu des officiers, aspirants et maîtres du brick l'*Abeille*, a fixé l'attention de Sa Majesté, et elle a daigné leur accorder les récompenses ci-après, que j'ai voulu vous donner la satisfaction de leur annoncer, savoir :

A l'enseigne auxiliaire Montaulieu, le grade d'enseigne de vaisseau et la décoration de la Légion d'honneur;

A l'enseigne auxiliaire Fortoul, le grade d'enseigne de vaisseau et la décoration de la Légion d'honneur;

A l'aspirant Pujol, le grade d'enseigne de vaisseau;

Au capitaine d'armes Parot, le grade de lieutenant en deuxième dans le corps impérial de l'artillerie de marine;

Au maître d'équipage Paron, la décoration de la Légion d'honneur.

Ces grâces sont une nouvelle preuve de ce que peuvent attendre de la munificence de Sa Majesté les officiers et les marins qui se distin-

guent à son service; elles doivent être pour tous un puissant motif
d'émulation, en même temps qu'elles imposent à ceux qui les ont obtenues l'obligation de redoubler de zèle, de courage et de dévouement.

*Signé* DECRÈS.

P. S. de la main du ministre.

Ce combat et son succès vous font, à vous et à votre équipage, beaucoup d'honneur. Vous êtes autorisé à me proposer des avancements
de paye pour tous les marins sous vos ordres, qui les méritent par
leur expérience, et vous réunirez votre équipage pour lui faire connaître la satisfaction de Sa Majesté.

Quant à l'*Alacrity*, procédez sur-le-champ à ses réparations et à la
formation de son équipage; vous en avez le commandement, et je ne
doute point qu'il ne devienne pour vous une nouvelle source de gloire.

*Signé* DECRÈS.

### Nomination au commandement de l'Alacrity (juin 1811).

M. de Mackau, nommé, comme on vient de le voir, au
commandement du brick l'*Alacrity*, fut chargé de protéger le
commerce français contre les corsaires qui, armés en Cata-
logne, à Mahon, à Messine et à Syracuse, inquiétaient, sous
pavillon espagnol, nos bâtiments, et croisaient de l'embouchure du Tibre au port de Gênes, et dans les eaux de l'île
d'Elbe et de la Corse.

Dans l'intention de saisir quelques-uns de ces corsaires,
M. de Mackau profitait des intervalles entre les missions qui
lui étaient données pour se porter, soit de jour, soit de
nuit, sur les points qui étaient réputés servir d'abri à ces bâtiments.

### Croisière de 1812.

Le 18 janvier 1812, instruit que deux corsaires siciliens
avaient conduit à l'île de Januti deux navires du commerce
français qu'ils avaient enlevés sous le cap Argental, M. de
Mackau part aussitôt pour joindre les corsaires. La nuit est
employée à s'approcher le plus près possible de la crique où
les quatre bâtiments sont réunis.

A la pointe du jour, le vent qui souffle de terre ne permet à l'*Alacrity* d'approcher qu'en louvoyant; mais, malgré le feu des corsaires, qui sont embossés dans une position avantageuse, le brick continue ses bordées jusqu'à ce que, parvenu à un quart de portée de ses caronades, il laisse tomber l'ancre et ouvre son feu.

Les équipages des corsaires fuient à terre, les navires sont amarinés, et l'*Alacrity* ramène les quatre bâtiments au port de San Stephano, sous le cap Argental.

Ceci accompli, l'*Alacrity* retourne immédiatement à la croisière sous l'île Januti, où les deux équipages des corsaires capturés se trouvaient sans aucune ressource. Après trois jours d'une surveillance rigoureuse, ils reconnaissent la nécessité de se rendre à discrétion à M. de Mackau, qui les reçoit sur l'*Alacrity* et les conduit à Livourne, où, à son arrivée, les lettres ci-après lui furent adressées :

**Nomination au grade de capitaine de frégate (février 1812).**

Livourne, le 22 février 1812.

J'ai rendu compte, monsieur le capitaine, au gouvernement, des succès que vous avez remportés dans la croisière que je vous avais ordonnée dans les parages du mont Argental.

Je vous envoie copie du décret impérial qui vous nomme capitaine de frégate. Recevez-en mon compliment bien sincère. — Je m'applaudis toujours de plus en plus d'avoir un officier comme vous sous mes ordres. *Signé* G. DE LACOUDRAYE.

Paris, le 10 février 1812.

Je vous informe, monsieur, que, par un décret du 7 de ce mois, l'Empereur a bien voulu vous nommer capitaine de frégate.

Vous devez cet avancement à l'opinion que Sa Majesté a conçue de vos talents et à l'espérance qu'elle fonde sur vos services. — Je ne doute pas que vous ne fassiez tout ce qui sera en votre pouvoir pour la justifier. *Signé* DECRÈS.

Placé par ce nouvel avancement à la tête de la flottille de

Livourne, M. de Mackau continua à protéger, par de fréquentes croisières, nos bâtiments de commerce.

Le 12 décembre 1812, comme il revenait de la Corse avec les bricks l'*Alacrity* et l'*Adonis*, les sémaphores de la côte lui signalèrent une escadre anglaise au mouillage de Viareggio, avec des troupes de débarquement destinées à agir contre Livourne (1).

### Défense de Livourne (1812, 1813).

Il y avait à choisir entre deux déterminations. Retourner à l'île d'Elbe, où les deux bricks eussent été en parfaite sûreté, ou bien se jeter dans le port de Livourne pour contribuer à la défense de la place. — M. de Mackau adopta ce dernier parti : il fit signal au brick l'*Adonis* d'imiter sa manœuvre, et les deux bâtiments donnèrent dans le port qui allait être attaqué.

Chargé par le conseil de défense du commandement de tous les marins qui se trouvaient dans le port, M. de Mackau les répartit dans les forts qui défendaient l'approche de la ville, soit par terre, soit par mer, et il demeura, de sa personne, dans le principal de ces forts, qui couvrait l'entrée du port.

Les Anglais ne tardèrent pas à commencer leurs opérations. Non-seulement elles n'eurent aucun succès, mais des pertes considérables furent essuyées par eux sur une jetée commandée par la tour la *Méloria*, qu'ils avaient supposée désarmée, et où M. de Mackau avait fait entrer, de nuit, un détachement de l'*Alacrity*.

Après soixante heures et plus d'attaques diverses et tou-

(1) Cette escadre était composée, savoir :

1° De trois vaisseaux de soixante-quatorze : *America*, commodore Rowley; *Edimburg*, captain Dundas; *Medea*, captain ***.

2° De trois frégates : *Mermaid*, de trente-huit canons; *Furieuse*, de quarante-quatre canons; *Impérieuse*, de quarante-quatre canons, captain Duncan.

3° Des corvettes *Termagant* et *Rainbow*.

4° D'un chébeck.

jours infructueuses, les Anglais, repoussés partout, regagnèrent leurs vaisseaux et disparurent de la côte.

Le conseil de défense de la ville de Livourne adressa une lettre de félicitations à M. de Mackau pour la part qu'il avait prise, ainsi que les marins sous ses ordres, au salut de la place.

### Diverses missions (1813, 1814).

A cette époque commencèrent les malheurs de l'Empire, et les Français durent évacuer l'Italie. M. de Mackau, chargé de conduire, d'abord à Gênes, puis bientôt après à Toulon, les bâtiments légers qu'il réunissait sous son commandement, et sur lesquels il avait fait répartir, ainsi que sur des navires de transport, le matériel le plus important des deux ports de Livourne et de Gênes, s'acquitta de cette mission avec autant de promptitude que de succès.

Après les événements de 1814, l'*Alacrity*, toujours commandé par M. de Mackau, fut attaché à l'escadre du contre-amiral Cosmao, qui devait ramener en France nos troupes de Corfou.

L'amiral Cosmao donna deux missions particulières à l'*Alacrity* : l'une pour Patras, dans le golfe de Lépante, l'autre pour Marseille. Cette dernière mission remplie, le brick fut renvoyé dans le Levant aux ordres de M. le capitaine de vaisseau baron de Saisieu. Il resta cinq mois dans cette station, allant successivement au Pirée, au mouillage de l'île Longue, aux îles d'Hydra et de Spezzia, à Coron, Modon et Navarin, ainsi qu'à Milo, Paros et Scio.

A son retour à Toulon, l'*Alacrity*, qui avait besoin de réparations considérables, fut désarmé, et M. de Mackau, pour la première fois depuis neuf ans qu'il était entré dans la marine, fut appelé à servir à terre.

### Campagne de l'Eurydice (1815, 1816 et 1817).

Mais à peine quelques mois s'étaient-ils écoulés que M. de

Mackau fut embarqué, à sa demande, comme second sur la frégate l'*Eurydice*, commandée par M. le baron Meynard de Lafarge.

Après vingt-six mois de navigation non interrompue dans les mers du Nord, à Copenhague, dans les Antilles françaises, anglaises, danoises et espagnoles, aux États-Unis d'Amérique, à Saint-Pierre et Miquelon et à Terre-Neuve, cette frégate rentra à Brest et y fut désarmée.

### Campagne du Golo (1818, 1819).

A cette époque la corvette de charge le *Golo*, destinée à porter à Bourbon M. le baron Milius, nommé gouverneur de cette île, était en armement. Cette corvette devait, à son retour dans le grand Océan, remplir plusieurs missions importantes. On en donna le commandement à M. de Mackau.

La corvette le *Golo* partit de Brest le 11 avril 1818, et après avoir touché successivement aux îles du Cap-Vert, à Table-Bay et Simons-Bay au cap de Bonne-Espérance, et à l'île de France, elle arriva à Bourbon.

Après le débarquement du gouverneur dans cette île, M. de Mackau fut chargé d'aller reconnaître divers points de l'île de Madagascar et de lever le plan du port de Tintingue, vis à-vis la petite île de Sainte-Marie, où le gouvernement songeait à faire un établissement maritime de quelque importance.

Dans les instructions que le ministre avait données à M. de Mackau, il était dit que le *Golo* opérerait son retour en France en touchant à Cayenne et dans les Antilles.

Arrivé à la Martinique, M. de Mackau prit les ordres de M. le contre-amiral Duperré, commandant la station navale, et ceux de M. le lieutenant général comte Donzelot, gouverneur de la colonie. Il lui fut prescrit de se rendre à la Jamaïque pour y recevoir un certain nombre d'anciens colons de Saint-Domingue, qui avaient obtenu des passages aux frais

de l'État pour rentrer en France, et de profiter de sa présence
à la Jamaïque, où il était autorisé à séjourner, pour recueillir et rapporter au ministre de la marine des renseignements
aussi complets que possible sur la situation politique de la
Nouvelle-Grenade, du Venezuela et de Saint-Domingue, pays
où de graves événements se succédaient alors avec rapidité.

Ces différentes missions accomplies, M. de Mackau ra-
mena le *Golo* à Brest, le 13 juin 1819, après un an et vingt-
six jours de la navigation la plus active (1).

En réponse aux rapports et documents divers que M. de
Mackau avait fait parvenir au gouvernement pendant le cours
de cette campagne, le ministre lui écrivit les lettres suivantes :

Paris, le 22 juin 1819.

J'ai lu avec un grand intérêt, monsieur, les détails que vous m'avez
transmis sur la situation des provinces espagnoles dans l'Amérique
méridionale. Je serai charmé de causer de tout cela avec vous lorsque
vous serez de retour à Paris. J'ai donné des ordres pour que le congé
que vous avez demandé vous fût expédié sans délai.

*Signé* PORTAL.

Paris, le 29 juin 1819.

Monsieur le baron, les lettres que vous m'avez écrites de la Praya,
le 12 juin 1818, de Simons-Bay, les 5 et 17 août, de l'île Bourbon, le
10 septembre, me sont toutes parvenues successivement, et j'ai reçu
également le compte que vous m'avez rendu de Brest, le 14 de ce
mois, de la navigation du *Golo*.

J'ai lu tous ces rapports avec beaucoup d'intérêt, et j'ai remarqué
que, dans le cours d'une longue campagne, vous n'avez perdu qu'un
seul homme, qui a succombé à une maladie dont il était atteint depuis
longtemps ; que le *Golo* n'a éprouvé aucune espèce d'avarie, et qu'enfin, dans les diverses relâches que vous avez faites, vous n'avez dé-
pensé qu'une somme extrêmement modique en achat de munitions.

(1) Les principaux ports visités par le *Golo* durant cette campagne ont été ceux
de Bourbon, du cap de Bonne-Espérance, de Cayenne, de la Martinique, de la
Guadeloupe et de la Jamaïque. — M. de Mackau eut, en outre, à séjourner sur
chacun de ces points le temps nécessaire pour s'y occuper de divers objets importants, soit dans l'intérêt du service colonial, soit dans un but profitable à la
politique générale de la France.

De tels résultats attestent qu'à votre exemple, les personnes employées sous vos ordres se sont constamment appliquées avec le zèle le plus louable à remplir les devoirs qui leur étaient imposés : c'est avec plaisir que je vous en témoigne ma satisfaction et que je vous prie de la leur exprimer.          *Signé* baron PORTAL.

Paris, le 28 août 1819.

Monsieur le baron, j'envoie aujourd'hui à M. le conseiller d'État Forestier les documents qui ont été réunis sur Madagascar par suite de l'exploration qui y a été faite en 1818, et à laquelle vous avez eu une part si distinguée. Je le prie, en même temps, de se charger de rédiger un mémoire sur l'exécution des projets de colonisation qui ont été conçus, et je l'engage à se concerter avec vous à cet égard.

J'attends de votre zèle éclairé cette coopération, et je désire que vous trouviez, dans la demande que je vous fais de votre concours, une nouvelle preuve du prix et de l'intérêt que j'attache au travail important que vous avez déjà exécuté relativement à l'exploration de Madagascar.          *Signé* baron PORTAL.

### Nomination au grade de capitaine de vaisseau (septembre 1819).

M. de Mackau fut promu au grade de capitaine de vaisseau le 1er septembre 1819.

A cette époque, le département de la marine était fort occupé de la réalisation d'un vaste plan de colonisation au Sénégal. Il ne s'agissait pas moins que de dépenser treize millions en cinq années. Des mémoires avaient été rédigés dans ce but, des mesures étaient prescrites, et déjà même une somme de treize cent mille francs se trouvait absorbée par une première expédition.

Les choses en étaient à ce point quand M. le baron Portal fut appelé à diriger le département de la marine. Son esprit élevé et patriotique comprit aussitôt le danger de l'entreprise. Il voulut envoyer sur les lieux une personne investie de sa confiance, et qui, après avoir comparé les projets conçus avec les moyens d'exécution qu'offrait le pays, pût l'éclairer en toute certitude sur le meilleur parti à adopter, soit qu'il fallût marcher hardiment et avec persévérance dans la voie ouverte, soit qu'il fût reconnu plus sage de s'arrêter définitivement, en donnant une destination utile aux dépenses déjà effectuées.

### Mission au Sénégal (1819, 1820).

M. de Mackau fut choisi par le ministre pour aller remplir cette mission au Sénégal. Il devait non-seulement s'occuper de la colonisation projetée, mais s'enquérir, en outre, des faits qui avaient pu donner lieu aux plaintes de la presse, qui accusait les autorités de la colonie et même le ministère de la marine de favoriser la traite des noirs.

Parti pour le Sénégal le 14 septembre 1819, M. de Mackau y séjourna pendant trois mois et quelques jours ; il employa ce temps à parcourir la colonie dans toute son étendue, à remonter le fleuve au delà des limites de notre territoire, et à discuter, avec le gouverneur et les premiers fonctionnaires, les vastes plans de colonisation sur lesquels il s'agissait de se prononcer.

L'opinion de M. de Mackau sur ces plans fut, sous presque tous les rapports, différente de celle du gouverneur, et, afin de mettre le ministre à portée de prononcer en parfaite connaissance de cause entre les deux opinions, il communiqua au gouverneur chacun de ses rapports, en lui laissant le soin de les transmettre en France avec toutes les observations contradictoires dont il jugerait convenable de les accompagner.

De retour à Paris le 9 mars 1820, M. de Mackau remit, le 26 avril suivant, au département de la marine, les derniers documents qui complétaient la série de renseignements qu'il avait été chargé de recueillir au Sénégal.

Le ministre de la marine lui écrivit, à cette occasion, dans les termes suivants :

Paris, le 24 mars 1820.

Monsieur le baron, j'ai lu avec un grand intérêt le rapport que vous m'avez remis le 16 mars, ainsi que les notes numérotées de 1 à 6, et datées de Saint-Louis, le 25 janvier 1820, que vous m'avez fait par-

venir depuis votre retour en France. Vous avez su ajouter au mérite
de ces comptes rendus par le soin que vous avez pris de les communiquer, avant de me les adresser, à M. le colonel Schmaltz, et (pour
ce qui concerne les travaux militaires) à M. le chef de bataillon du
génie Courtois. Pour que votre ouvrage achève de porter tous ses
fruits, je désire que vous veuilliez bien en résumer les résultats dans
une analyse exacte, et établir ensuite la question à résoudre sur chacun des points qu'il embrasse.

Je me propose de mettre le résumé et les questions sous les yeux du
conseil des ministres : c'est donc sous un point de vue positif et d'application qu'ils doivent être rédigés, et je crois ne pouvoir mieux
faire que de vous confier ce nouveau travail.

*Signé* baron PORTAL.

Paris, le 9 avril 1820.

Monsieur le baron, vous m'avez remis, le 4 de ce mois, une note
(numérotée 9) sur l'île de Gorée, et vous m'avez adressé, le 7, le *résumé* de vos précédents rapports sur le Sénégal, rédigé, suivant que
je vous y avais invité, sous le point de vue positif et d'application.
J'ai l'honneur de vous remercier de cet excellent travail.

Parmi les notes numérotées 7, 8, 10 et 11, que vous vous êtes ré-
servé de me faire parvenir ultérieurement comme documents justifi-
catifs et complémentaires, je vous serai fort obligé de vous occuper
en première ligne de celles qui auraient quelque trait à la *dépense*.
Telles pourraient être les notes sur la *justice*, sur l'*exploration de
l'intérieur* et même sur la *culture*. Il est besoin, en effet, que je sois
au plus tôt à portée de comparer, avec le budget arrêté pour 1820,
l'ensemble de vos observations et propositions en tout ce qui touche
aux finances et aux approvisionnements.

Je ne veux point laisser échapper ici l'occasion de vous dire combien je suis satisfait de la manière véritablement sage, et, je l'espère,
utile au roi et à la France, dont vous avez su remplir la mission qui
vous a été confiée. C'est le témoignage que j'en rendrai au roi dans le
compte que je me prépare à lui soumettre, en conseil des ministres,
des résultats de vos opérations pendant votre séjour au Sénégal.

*Signé* baron PORTAL.

Paris, le 27 avril 1820.

Monsieur le baron, j'ai l'honneur de vous remercier de vos notes
sur le Sénégal, numérotées 7, 8, 10 et 11, la première sur la culture
du coton, la seconde sur l'état sanitaire de la colonie, la troisième sur
l'administration de la justice, la quatrième sur l'exploration du haut
pays. Je vais en prendre connaissance, et je ne doute pas que cette

fin de vos travaux, relativement à la mission dont vous avez été chargé
dans les possessions françaises d'Afrique, ne réponde en tout au mérite de ceux que vous m'avez déjà transmis par suite de la même mission.                                *Signé* baron Portal.

Paris, le 23 mai 1820.

J'ai mis sous les yeux du roi, monsieur le baron, le compte rendu
des onze notes, du rapport d'ensemble et du résumé que vous m'avez
successivement adressés du 8 mars au 26 avril dernier, par suite de
l'inspection exercée par vous dans les établissements français d'Afrique, du 28 novembre 1819 au 3 février suivant, en vertu de mes ordres et instructions du 13 septembre 1819.

Sa Majesté est contente du zèle, du talent, de la mesure parfaite,
avec lesquels vous avez su vous acquitter de cette importante mission.
Elle m'a commandé de vous le faire connaître, et j'éprouve un vrai
plaisir à vous transmettre un témoignage aussi honorable.

*Signé* baron Portal.

En conséquence des rapports qu'il avait adressés sur le Sénégal, M. de Mackau vit son opinion prévaloir au sujet de la
colonisation projetée, et l'accusation portée contre le ministère et contre les autorités coloniales, relativement à la traite
des noirs, fut complétement détruite.

Le gouvernement de cette colonie étant devenu vacant par
suite du rappel du titulaire de cet emploi, ce poste important fut offert à M. de Mackau, qui s'excusa de l'accepter,
afin de ne pas devenir le successeur du haut fonctionnaire
dont il avait combattu les vues et au déplacement duquel il
avait pu contribuer. Mais les projets inexécutables pour l'é-
tablissement d'une colonie agricole sur les rives du fleuve
furent définitivement abandonnés, et les millions que cette
entreprise aurait absorbés furent conservés au trésor de
l'État.

### Campagnes de la Clorinde (années 1821, 1822 et 1823).

Peu de temps après cette mission, le roi Louis XVIII
nomma M. de Mackau gentilhomme de sa chambre, et celui-
ci, en retour de cette faveur, demanda à faire une nouvelle et
longue campagne.

Il s'agissait d'aller établir dans l'océan Pacifique, au moyen d'une station navale créée depuis peu, des relations commerciales et politiques avec les contrées qui s'étaient émancipées de l'autorité du roi d'Espagne, et qui venaient de se constituer en États indépendants.

A cet effet, la frégate la *Clorinde*, de cinquante-huit canons, armée au port de Cherbourg, fut mise sous le commandement de M. de Mackau.

Parti de France le 4 août 1821, la frégate, avant d'arriver à sa destination, toucha successivement aux îles Canaries, à Rio-Janeiro et dans le fleuve de la Plata.

A Rio-Janeiro, M. de Mackau reçut de l'empereur don Pedro un bienveillant accueil, et l'assurance des plus favorables dispositions pour les Français et pour le succès de leurs opérations commerciales.

L'arrivée d'une grande frégate française dans le fleuve de la Plata causa une vive sensation à Buenos-Ayres à une époque où le pays, tourmenté par l'ambition des hommes qui se succédaient rapidement au pouvoir, aspirait au repos (1).

Parvenu à la côte occidentale de l'Amérique méridionale et sur les points où la station navale devait exercer plus particulièrement son influence pour la protection et le développement du commerce français, M. de Mackau imprima une grande activité à la navigation de la *Clorinde*, qui se présenta plusieurs fois et à des époques opportunes dans les ports de Valdivia, Valparaiso, Quiloa et le Collao de Lima.

En relations fréquentes avec MM. les généraux O'Higgins

_____

(1) Il n'est pas sans intérêt de rapporter ici une circonstance propre à faire connaître quelle était alors la disposition générale des esprits dans la république de Buenos-Ayres. — Le bruit s'y étant répandu tout à coup que la frégate française avait été chargée de transporter en Amérique un prince de la famille d'Orléans qui aurait été destiné, ainsi que les journaux de l'Europe en avaient souvent discuté la convenance, à devenir le souverain d'un grand État à constituer sur les bords de la Plata, en un instant la *Clorinde* fut envahie par une foule de personnes qui voulaient être les premières à complimenter le prince français, et qui ne revinrent qu'à regret de leur erreur.

et Sanmartin, présidents des Républiques du Chili et du Pérou, M. de Mackau eut constamment à se louer de leurs bonnes dispositions à l'égard des Français, bien qu'il dùt, parfois, faire entendre d'énergiques représentations à l'occasion de certaines exactions ou prohibitions injustes dont le commerce français avait eu d'abord à souffrir. Ce fut même par suite de ces représentations que les droits sur les vins français, qui étaient de cinquante-six pour cent à l'arrivée de la *Clorinde*, furent réduits, bientôt après, à trente et un pour cent.

La *Clorinde* était depuis quinze mois dans ces parages lorsqu'elle fut ralliée par la frégate l'*Amazone*, qui portait le pavillon de M. le contre-amiral baron Roussin.

Cet officier général, informé de l'entrée des troupes françaises en Espagne, et ne voulant pas être pris au dépourvu dans le cas où, par suite de cette intervention, une rupture serait survenue entre la France et l'Angleterre, avait arrêté un plan hardi de croisière, pour le cas où la guerre eût éclaté. Il avait, en conséquence, réuni sous son pavillon tous les bâtiments stationnés sur les deux côtes de l'Amérique méridionale, les avait fait approvisionner en vivres et rechanges, et, prenant la route d'Europe, il marchait avec confiance au-devant des nouvelles que chaque navire pouvait apporter.

La division doubla le cap Horn, toucha à l'île de Sainte-Catherine et arriva à Rio-Janeiro. Ce ne fut que dans ce dernier port qu'elle acquit la certitude que la paix ne serait point troublée. M. le baron Roussin, abandonnant alors un plan de croisière qui n'avait plus de but, se détermina à conduire les bâtiments directement à Brest. Ils y arrivèrent le 1er décembre 1823, vingt-huit mois après le départ de la frégate la *Clorinde* de ce même port.

M. de Mackau avait informé régulièrement le ministre de la marine des opérations de sa campagne et de son séjour dans l'océan Pacifique; mais l'éloignement ne lui avait per-

mis de recevoir qu'une seule dépêche de ce ministre ; elle
était ainsi conçue :

Paris, le 27 décembre 1822.

Monsieur, mon intention n'a pas été de modifier les instructions qui
vous ont été remises par mon prédécesseur le 8 mai 1821, sur la campagne de la frégate la *Clorinde*, lesquelles vous prescrivent de quitter
l'océan Pacifique avant la fin de l'année 1822 pour vous porter, une
seconde fois, devant Rio-Janeiro, et de vous diriger ensuite sur la
Martinique, vers les côtes des États-Unis d'Amérique, en mai 1823, afin
d'être de retour à Brest dans le courant de juin au plus tard. Il en eût
été autrement, qu'il m'aurait été impossible de vous faire connaître
ma détermination en temps opportun, puisque votre lettre du 25 juin
dernier ne m'est parvenue que le 5 novembre.

Depuis votre départ de Brest, aucune occasion assez sûre ne s'est
offerte pour que je pusse vous écrire. Je ne veux pas laisser passer
celle du départ de la gabarre du roi la *Prudente* sans vous accuser
réception de tous les rapports qui me sont parvenus de vous depuis
cette époque jusqu'au 1er juillet dernier.

Je vais vous en donner une analyse succincte :

Le 20 août 1821, vous m'avez annoncé votre relâche à Sainte-Croix
de Ténériffe.

Vos lettres des 2, 4 octobre et 12 novembre, contiennent les détails
de votre arrivée à Rio-Janeiro, de votre séjour en ce port.

Le 14 décembre suivant, vous m'avez annoncé votre entrée dans le
Rio de la Plata, et j'ai reçu de vous, à la date du 5 janvier, un rap-
port très-intéressant sur la situation politique de Buenos-Ayres et de
Montevideo.

Je me suis empressé de communiquer à MM. les ministres de l'intérieur et des finances la proclamation du général Sanmartin, relative
à un nouveau règlement du commerce, et le décret rendu à Buenos-
Ayres sur les armements en course dont faisait mention votre rapport
précité du 5 janvier et qui accompagnait votre lettre du 12 du même
mois.

Vos lettres datées de Valdivia, les 25 février et 12 mai, m'ont fait
connaître combien votre navigation dans les parages du cap Horn
avait été laborieuse, et j'ai pu apprécier le talent que vous avez montré dans cette circonstance.

Je vous sais gré d'avoir saisi l'occasion qui s'est présentée en mer
de me faire, à la date du 18 mai, le récit de la prise de Valdivia par
lord Cochrane : votre lettre du 22 mai, que vous avez acheminée par
Buenos-Ayres, m'a annoncé votre arrivée à Valparaiso presque en
même temps que celle du 15 juin, terminée le 25, m'a fait connaître

le succès des démarches que vous vous êtes empressé de faire auprès des principales autorités de Saint-Yago du Chili pour obtenir la modification d'un décret qui, par une application injuste, blessait les intérêts de nos armateurs.

Je me borne pour le moment, monsieur, à ce simple accusé de réception, en y ajoutant, toutefois, les témoignages de ma satisfaction pour le soin que vous avez mis à remplir l'objet essentiel des instructions dont vous êtes porteur, et je suis persuadé à l'avance, par l'intérêt que m'ont inspiré vos précédents rapports, que je trouverai dans ceux que vous m'adresserez de nouvelles preuves de votre dévouement pour le service du roi, et de votre zèle pour tout ce qui peut contribuer à la prospérité du commerce français.

*Signé* marquis de CLERMONT-TONNERRE.

De son côté, M. le baron Roussin, après l'entrée à Brest de la division qu'il y avait ramenée, adressa à M. de Mackau la lettre ci-après :

Brest, le 24 décembre 1823.

Monsieur le commandant, j'ai l'honneur de vous informer que j'ai reçu hier, du ministre de la marine, une dépêche du 18 de ce mois, par laquelle il veut bien m'exprimer, en termes très-flatteurs, sa satisfaction sur la dernière campagne que nous venons de faire ensemble.

Son Excellence donne son approbation à toutes mes démarches et reconnaît que j'ai fait, en toute occasion, tout ce qui pouvait amener des résultats favorables pour la dignité de la couronne, pour la marine royale et pour notre commerce.

Mais, de ces éloges, ceux qui me flattent le plus, sont ceux qui se rapportent à mon séjour dans l'océan Pacifique, parce qu'ils vous sont communs avec moi. Vous m'avez parfaitement secondé; vous devez donc partager ce qu'il y a de flatteur dans les témoignages que je reçois.

Son Excellence, appréciant vos services dans ma division, s'exprime ainsi : « En attendant que MM. de Mackau, d'Oysouville et Fleuriau viennent à Paris, je vous charge de leur dire que je ne doutais pas qu'ils ne méritassent vos éloges, mais qu'il m'a été agréable de voir qu'ils les avaient obtenus. » — En vous transmettant ces expressions d'un des ministres du roi, je vous renouvelle, avec un plaisir toujours senti, l'assurance de ma satisfaction personnelle pour vos services sous mes ordres, du souvenir reconnaissant que j'en conserverai, et de l'estime sincère et affectueuse que je vous porterai toujours.

*Signé* baron ROUSSIN.

### Mission près des gouvernements d'Haïti (1825).

Dix-huit mois s'étaient à peine écoulés quand M. de Mackau fut appelé à remplir une mission beaucoup plus importante, par sa nature et par ses conséquences, que toutes celles qui lui avaient été confiées jusqu'alors. Il s'agissait d'aller à Saint-Domingue et d'y faire recevoir une ordonnance du roi de France qui, en accordant à la République d'Haïti son indépendance, devait assurer une indemnité aux anciens propriétaires de cette colonie et des avantages commerciaux à la mère patrie.

Au mois d'avril 1825, M. le comte de Chabrol fit appeler M. de Mackau, et, après lui avoir annoncé l'intention dans laquelle était le cabinet du roi Charles X de reprendre l'affaire de Saint-Domingue, en écartant une disposition qui, jusqu'alors, avait blessé la République haïtienne, il lui fit connaître, par des instructions écrites et verbales, la ligne de conduite qu'il aurait à suivre dans la mission dont il était chargé.

Les instructions écrites portaient en substance : — Que le roi s'était fait rendre compte des conférences qui avaient eu lieu à Paris, l'année précédente, au sujet d'une ordonnance par laquelle son auguste frère et prédécesseur s'était proposé d'octroyer aux habitants de la partie française de Saint-Domingue l'indépendance pleine et entière de leur gouvernement;

Que la disposition qui réservait les droits de suzeraineté inhérents à la couronne de France, et qui avait été mal comprise par les envoyés d'Haïti, n'avait point pour objet, comme ils avaient paru le craindre, de ménager, pour l'avenir, des motifs d'intervention dans les affaires intérieures du pays, mais qu'elle avait, au contraire, pour but d'assurer à Saint-Domingue la protection de la France dans le cas où l'indépendance de cette île serait menacée par d'autres puissances ;

Que cependant, et pour hâter le moment où ses sujets pourraient se livrer à Saint-Domingue à un commerce réciproquement avantageux, Sa Majesté consentait à renoncer à cette disposition, de sorte que l'ordonnance à faire accepter par le gouvernement d'Haïti, réduite aux autres conditions du projet, était ainsi conçue :

### ORDONNANCE.

Paris, le 17 avril 1825.

CHARLES, par la grâce de Dieu, etc., etc.

Art. 1er. Les ports de la partie française de Saint-Domingue seront ouverts au commerce de toutes les nations.

Les droits perçus dans ces ports, soit sur les navires, soit sur les marchandises, tant à l'entrée qu'à la sortie, seront égaux et uniformes pour tous les pavillons, excepté le pavillon français, en faveur duquel ces droits seront réduits de moitié.

Art. 2. Les habitants actuels de la partie française de Saint-Domingue verseront à la caisse générale des dépôts et consignations de France, en cinq termes égaux, d'année en année, le premier échéant au 31 décembre 1825, la somme de cent cinquante millions de francs, destinée à dédommager les anciens colons qui réclameront une indemnité.

Art. 3. Nous concédons, à ces conditions, par la présente ordonnance, aux habitants de la partie française de l'île de Saint-Domingue, l'indépendance pleine et entière de leur gouvernement.

Et sera, la présente, scellée du grand sceau.

Donnée à Paris, au château des Tuileries, le 17 avril, l'an de grâce 1825 et de notre règne le premier.     *Signé* CHARLES.

Par le Roi,

*Signé* comte DE CHABROL.

M. de Mackau était donc chargé de porter cette ordonnance au président de la République d'Haïti, et il devait en obtenir l'enregistrement suivant les formes établies par les lois du pays.

L'ordonnance énonçait les seules conditions auxquelles le roi croyait devoir consentir à reconnaître l'indépendance du gouvernement de Saint-Domingue.

Il était prescrit à M. de Mackau de faire observer que les 150 millions demandés par la France, et formant à peine

l'équivalent du revenu d'une année, pour les anciens propriétaires que la révolution de cette colonie avait dépouillés,
n'étaient qu'une faible indemnité des pertes subies par ces
propriétaires.

Dans le cas où le gouvernement de Saint-Domingue aurait
objecté la difficulté de se procurer une pareille somme dans
le délai de cinq années, M. de Mackau devait lui donner
l'assurance qu'il trouverait aisément à en négocier l'emprunt
en France à des conditions convenables, et il devait même
insister pour que la France obtînt la préférence sur tout autre
pays, sans cependant faire de ce choix une condition ab-
solue.

Quant à la réduction de droits demandée en faveur de la
France, M. de Mackau était chargé de démontrer au gouvernement d'Haïti que, sous ce rapport, c'était le moindre
avantage que la France pût réclamer, et que, d'ailleurs,
cette réduction aurait pour résultat certain de multiplier, au
bénéfice du nouvel État, les relations commerciales à établir
entre les deux pays.

Enfin, si l'ordonnance royale d'émancipation n'était pas
agréée, si le gouvernement d'Haïti ne se montrait pas reconnaissant de ce que Sa Majesté le roi de France daignait
faire, et s'il ne s'empressait pas de souscrire aux clauses
auxquelles était attachée la déclaration de son indépendance,
M. de Mackau avait ordre d'annoncer au chef de ce gouvernement que désormais il serait traité en ennemi par la
France ; que déjà une escadre était prête à établir le blocus
le plus rigoureux devant les ports de l'île ; que cette escadre
serait bientôt renforcée, et que l'interruption de tout commerce maritime ne cesserait pour Haïti que lorsqu'elle se
serait soumise, sans condition, à la suprématie de la France.

Telle était la substance des instructions qui furent données à M. de Mackau ; il se rendit sans délai à Rochefort,
ainsi que le lui prescrivait la lettre ci-après :

Paris, le 16 avril 1825.

Monsieur le baron,

Je vous annonce avec grand plaisir que le roi, voulant vous donner un nouveau témoignage de la confiance dont il vous honore, a bien voulu faire choix de vous pour commander une division de son armée navale.

En attendant que les bâtiments qui doivent la composer puissent être réunis sous votre guidon, vous commanderez la frégate la *Circé*, maintenant armée à Rochefort. Je préviens M. le commandant de la marine, en ce port, de votre destination, et, d'après votre demande, je lui ai prescrit de faire embarquer sous vos ordres le capitaine de frégate Forsans.

La manière distinguée avec laquelle vous avez rempli les précédentes missions qui vous ont été confiées, le talent dont vous avez fait preuve dans différentes circonstances, me sont un garant que vous justifierez la bienveillance que Sa Majesté vous accorde, et il me sera très-agréable de fixer son attention sur les titres que vous acquerrez à ses grâces. *Signé* comte DE CHABROL.

Rendu à Rochefort, M. de Mackau mit son guidon sur la *Circé*, et fit voile pour la Martinique, où il arriva le 3 juin suivant.

Là, ayant pris soin de recueillir près du gouverneur de cette colonie (M. le comte Donzelot) des derniers renseignements sur la situation de Saint-Domingue, et après s'être concerté avec M. le contre-amiral Jurien, commandant de l'escadre, sur la manière de lui faire parvenir les avis qui devraient déterminer ses opérations, soit hostiles, soit pacifiques, M. de Mackau fit route pour Saint-Domingue, à la tête d'une division composée de la *Circé*, du *Rusé*, et de la *Béarnaise*. — Il mouilla le 3 juillet sur la rade du Port-au-Prince.

Les négociations s'ouvrirent le lendemain 4 juillet, et, dans l'après-midi du 5, il semblait qu'elles dussent se rompre entièrement lorsque, par des explications conciliatrices entre M. de Mackau et le président Boyer lui-même, elles purent être continuées et menées à une conclusion satisfaisante. Ce ne fut néanmoins que le 8 juillet que M. de

Mackau, qui était parvenu à dissiper toutes les préventions et toutes les craintes, reçut du président Boyer la lettre suivante :

Monsieur le baron,

Les explications contenues dans votre note officielle en date d'hier, prévenant tout malentendu sur le sens de l'art. 1er de l'ordonnance du roi de France qui reconnaît l'indépendance pleine et entière du gouvernement d'Haïti, et confiant dans la loyauté de S.M. Très-Chrétienne, j'accepte, au nom de la nation, cette ordonnance, et je vais faire procéder à son entérinement au sénat avec la solennité convenable.

Signé BOYER.

Au palais national du Port-au-Prince, 8 juillet 1825, an 22ᵉ de l'indépendance.

L'escadre de M. le contre-amiral Jurien, forte de deux vaisseaux, six frégates et quatre bâtiments légers, arriva le lendemain sur la rade de Port-au-Prince, et tous les capitaines de l'escadre, avec une partie considérable des états-majors, assistèrent à la cérémonie de l'entérinement de l'ordonnance du roi de France par le sénat d'Haïti.

La *Béarnaise* fut expédiée immédiatement en France pour informer le gouvernement de cette nouvelle, et, quelques jours après, la *Circé* elle-même fit voile pour Brest, emportant, avec M. de Mackau, trois commissaires haïtiens chargés de venir stipuler, en France, les conditions d'un emprunt pour réaliser l'indemnité de 150 millions souscrite par Haïti.

La *Circé* arriva à Brest le 28 août.

Un extrait du rapport que M. le ministre de la marine fit au roi, en date du 1er septembre, achèvera de faire connaître les circonstances et les résultats de la mission confiée à M. de Mackau.

Après avoir rendu compte des diverses expéditions dirigées contre Saint-Domingue et de l'état actuel de cette colonie, ainsi que des armements qui venaient d'être faits pour assurer la dignité de la France, dans le cas où la mission pacifique de M. de Mackau n'aurait pas été couronnée de succès, le ministre s'exprime ainsi :

M. le baron de Mackau, commandant la *Circé*, avait ordre de précéder de quelques jours le départ de l'escadre, qui ne devait se montrer dans les parages du Port-au-Prince que d'après l'avis qui lui en serait donné.

Cet officier a appareillé de la Martinique le 23, avec une division composée de la *Circé*, et des deux bricks le *Rusé* et la *Béarnaise*. Il a paru devant le Port-au-Prince le 5 juillet. Le surplus de l'escadre a appareillé le 27 juin du Fort-Royal.

L'accueil que reçut M. de Mackau fut de nature à lui faire concevoir de justes espérances sur le succès de la mission dont il était chargé.

A peine fut-il au mouillage, que deux officiers vinrent à son bord, et qu'un logement convenable lui fut désigné au Port-au-Prince ainsi qu'aux officiers sous ses ordres.

Des conférences s'ouvrirent de suite entre lui et trois commissaires qui avaient été délégués par le président du gouvernement d'Haïti, et, comme au bout de trois jours elles n'avaient pas été amenées à un point de solution, elles furent reprises avec le président Boyer lui-même, aux intentions conciliantes duquel M. le baron de Mackau se plaît à rendre la plus entière justice.

Ce fut le 8 juillet, et après quelques discussions préliminaires, qui n'étaient pas sans importance, mais qui furent traitées avec cet esprit de conciliation qui termine les affaires quand on veut franchement les terminer, que le président écrivit à M. de Mackau : que, d'après les explications qui lui avaient été données, et confiant dans la loyauté du roi, il acceptait, au nom du peuple d'Haïti, l'ordonnance de Votre Majesté, et qu'il allait faire les dispositions nécessaires pour qu'elle fût entérinée au sénat avec la solennité convenable.

Je ne dois pas laisser ignorer à Votre Majesté qu'avant de prendre cette détermination, le président avait cru devoir consulter plusieurs membres du sénat et les principaux officiers de l'île; que les difficultés qui s'étaient élevées dans la discussion furent mises sous leurs yeux; que tous déclarèrent s'en remettre à la sagesse du chef de la République.

. . . . . . . . . . . . . . . . . . . .

Ce fut le 11 juillet que le sénat fut convoqué pour procéder à l'entérinement de l'ordonnance, d'après les formes prescrites par les lois constitutives du pays.

Ce jour fut un véritable jour de fête pour les habitants de l'île. Le procès-verbal qui a été dressé de la séance du sénat, et le discours du président de cette assemblée au commissaire de Votre Majesté, ne laissent aucun doute sur l'unanimité des sentiments avec laquelle votre ordonnance a été reçue et sur la profonde reconnaissance qu'elle a fait naître dans tous les cœurs.

. . . . . . . . . . . . . . .

Depuis le jour de cette séance jusqu'au 18 juillet, jour où l'escadre est partie, et jusqu'au 20 juillet, jour où M. le baron de Mackau a quitté le Port-au-Prince, la joie manifestée par la population a prouvé que les intentions bienveillantes de Votre Majesté avaient été senties et appréciées comme elle avait droit de l'attendre.

M. le baron de Mackau a donné passage, à son bord, à trois envoyés qui se rendaient en France dans la vue de négocier un emprunt pour satisfaire aux conditions de l'ordonnance,

Les rapports de M. de Mackau, que j'ai mis sous les yeux de Votre Majesté, ne lui permettront point de douter, j'ose l'espérer, que cet officier n'ait répondu à la confiance qu'elle lui avait témoignée.

Sa mission, pour me servir de ses propres expressions dans ses conférences avec le président d'Haïti, lui donnait le caractère de soldat et non celui de diplomate ou de négociateur. La franchise de ses explications, entièrement en harmonie avec celle que le président n'a cessé de montrer dès le premier instant, a, je n'en doute pas, aplani beaucoup de difficultés et écarté beaucoup d'obstacles.

J'oserai le recommander aux bontés de Votre Majesté.

*Signé* comte DE CHABROL.

## Nomination au grade de contre-amiral (septembre 1825).

M. de Mackau fut promu au grade de contre-amiral le 1er septembre 1825. Le ministre lui annonça cet avancement par la lettre suivante :

Monsieur le baron,

Le roi a pris une connaissance particulière des comptes que vous avez rendus de la mission qu'il a bien voulu vous confier.

Sa Majesté a fixé son attention sur le rapport qui en contient les détails, et elle a daigné exprimer sa satisfaction du zèle et des talents que vous avez déployés dans cette circonstance importante.

Le roi, voulant vous donner un témoignage éclatant de la bienveillance dont il vous honore, et récompenser en même temps les services que vous avez rendus avec autant de distinction que de mesure et de dignité, vous a élevé au grade de contre-amiral.

En vous annonçant cette grâce de Sa Majesté, je vous prie, monsieur le baron, de recevoir mes félicitations personnelles, ainsi que l'assurance de mon attachement. *Signé* comte DE CHABROL.

Les arrangements à prendre par les envoyés d'Haïti, pour opérer le versement de la première portion de l'indemnité, ayant dû mettre M. de Mackau en rapports directs avec M. le comte de Villèle, alors président du conseil et ministre des finances, ce ministre lui adressa, de son côté, la lettre suivante :

Paris, le 3 septembre 1825.

Mon cher général,

J'ai reçu votre lettre du 29. Je ne me permettrai pas de chercher à ajouter, par mon suffrage personnel, au témoignage éclatant que Sa Majesté a bien voulu vous accorder de sa complète satisfaction : je vous prie d'en recevoir mon bien sincère compliment.

Je joins ici ma réponse aux envoyés d'Haïti : je leur adresse en blanc les trois passe-ports qu'ils ont demandés, vous laissant le soin de les remplir : je pense qu'il est préférable de leur donner les qualités de sénateurs d'Haïti, et de colonel, aide de camp du président d'Haïti, que celle d'envoyés, sans ajouter beaucoup d'importance à cela.

Veuillez avertir ces messieurs que la frégate l'*Antigone* va partir pour porter à Haïti les consuls que le roi y envoie : s'ils veulent écrire par cette occasion, veuillez leur en fournir les moyens et leur donner l'assurance qu'ils trouveront ici, pour remplir leur mission, les dispositions les plus favorables, et, de notre part, la ferme volonté de resserrer de plus en plus les relations que vous avez si heureusement concouru à rétablir entre les deux pays. *Signé* JH. DE VILLÈLE.

### Inspection générale des équipages de ligne et autres travaux (1826, 1827).

A partir de cette époque, jusqu'au 27 juin 1827, M. de Mackau fut successivement chargé, soit à titre de président de commissions supérieures, soit dans ses fonctions d'officier général :

1° D'examiner l'emploi qu'on pouvait donner aux bâtiments à vapeur en les considérant comme moyen d'attaque et de défense en temps de guerre ;

2° De présider la commission chargée de pourvoir à l'organisation des premiers équipages de ligne ;

3° De présider la commission qui avait pour mission de pourvoir à la création d'une école d'application pour les candidats au grade d'élèves de la marine ;

4° D'inspecter tous les corps nouvellement organisés, sous la dénomination d'équipages de ligne.

A la suite de cette dernière mission, M. de Mackau reçut du ministre de la marine la lettre transcrite ci-après :

Paris, le 27 juin 1827.

Monsieur le baron,

J'ai reçu le rapport que vous m'avez adressé pour me rendre compte des résultats de l'inspection générale des équipages de ligne. Les observations qu'il contient, les vues que vous y développez sur les divers points de l'organisation de ces corps, ont fixé toute mon attention. J'ai déjà prescrit, l'exécution d'une partie des mesures que vous me proposez, pour donner à cette institution le degré de perfection dont elle est susceptible. Je prendrai les autres en sérieuse considération, et je ne doute pas que l'utilité en soit reconnue par les conseils d'administration des ports, que j'ai cru devoir consulter avant d'en arrêter l'adoption.

Les divers rapports que j'avais reçus de vous, dans le cours de votre mission, m'avaient déjà fait apprécier les soins que vous avez apportés dans l'examen de tous les détails du personnel et de l'administration des équipages : le résumé méthodique que vous me présentez aujourd'hui, de l'ensemble de cette importante opération, ne peut qu'ajouter à la haute opinion que j'avais conçue de votre zèle et de votre capacité, et je m'applaudis, monsieur le baron, de vous avoir désigné au choix de Sa Majesté, dont vous avez si bien justifié la confiance.

*Signé* comte DE CHABROL.

## Nomination au conseil d'amirauté (avril 1828).

L'année suivante, M. Hyde de Neuville, devenu ministre, ayant à pourvoir, dans le conseil d'amirauté, au remplacement de M. le baron Roussin, qui venait d'être nommé commandant de l'escadre de Brest, écrivit en ces termes à M. de Mackau :

Paris, le 19 avril 1828.

Monsieur le baron,

vous annonce avec plaisir que le roi a daigné, par une ordonnance du 15 de ce mois, vous nommer membre du conseil d'amirauté, en remplacement de M. le baron Roussin, appelé au commandement de l'escadre de Brest.

Je suis persuadé que, dans l'exercice de ces nouvelles fonctions, vous justifierez complétement le choix de Sa Majesté, et il me sera d'autant plus agréable de fixer son attention sur vous, que je me plais à rendre une entière justice aux services distingués que vous avez rendus jusqu'à ce jour dans le corps de la marine.

*Signé.* baron Hyde de Neuville.

Trois mois après, une dépêche secrète nomma M. de Mackau membre d'une commission mixte chargée, au département de la guerre, d'examiner un projet d'expédition contre la régence d'Alger. Déjà M. de Mackau, dans le sein du conseil d'amirauté, avait eu à s'occuper de plusieurs projets d'attaque contre les États barbaresques, que le ministre avait renvoyés à l'examen de ce conseil

### Nomination à l'emploi de directeur du personnel (septembre 1829).

Les travaux de cette commission durèrent jusqu'à la fin de l'année, et M. de Mackau se mettait sur les rangs pour faire partie de l'expédition projetée contre Alger, lorsqu'il reçut du ministre de la marine la lettre suivante :

Paris, le 17 septembre 1829.

Le roi, monsieur le baron, ayant bien voulu élever M. le contre-amiral Halgan au grade de vice-amiral, et la place de directeur du personnel étant devenue vacante, j'ai proposé à Sa Majesté de vous la confier, et elle a daigné approuver mon choix.

En vous appelant à des fonctions qui exigent autant de talent que de fermeté, j'ai voulu vous donner une marque de la juste confiance que m'inspirent votre caractère, votre dévouement au roi et l'expérience dont vous avez déjà fait preuve dans l'exercice de vos commandements à la mer et dans le conseil d'amirauté. Je compte donc sur le concours de vos lumières, comme vous pouvez compter sur les sentiments distingués que vous m'avez inspirés, et dont je vous prie d'agréer l'assurance.

*Signé* d'Haussez.

### Présidence du collége électoral de Lorient (juin 1830).

Au mois de juin 1830, M. de Mackau fut désigné par le roi pour présider le collége électoral du port de Lorient. Élu député du Morbihan, il reçut de M. Villemain, qui appartenait à l'opinion en minorité dans le collége électoral, un témoignage précieux sur la manière dont il avait présidé les opérations du collége.

A peine M. de Mackau avait-il été proclamé député, que M. Villemain, se levant, s'exprima en ces termes :

« Je prie, au nom d'un grand nombre d'électeurs, M. le président d'agréer l'expression de la haute estime que nous avons conçue de son caractère, et de recevoir nos remercîments pour la noble impartialité et la franchise avec lesquelles il a présidé aux opérations du collége. »

Cette allocution fut suivie des applaudissements de l'assemblée et mentionnée au procès-verbal.

M. de Mackau exerça les fonctions de directeur du personnel jusqu'à la Révolution de juillet, époque où il crut devoir prier M. le général Sébastiani d'agréer sa démission de ces fonctions.

Resté en dehors de la marche des affaires publiques, à l'issue des graves événements qui venaient de s'accomplir, mais ayant continué de siéger à la Chambre des députés après l'avénement de S. M. Louis-Philippe au trône, M. de Mackau prêta dès lors le serment de fidélité au gouvernement nouveau et à la Charte de 1830.

Ce fut ensuite, dans la circonstance grave des premières émeutes qui éclatèrent avec tant de violence, à l'occasion du procès des ex-ministres, qu'il prit spontanément la résolution de venir, en personne, offrir au roi ses services.

### Commandement de l'escadre française aux Dunes (avril 1833).

Au mois d'avril 1833, M. de Mackau fut chargé, dans son grade de contre-amiral, du commandement de la division française qui bloquait les ports de Hollande, de concert avec les forces navales anglaises. L'union la plus parfaite ne cessa de régner entre les deux marines, tant sur les côtes de la Hollande que dans les divers ports de la Grande-Bretagne, où elles furent appelées à séjourner ensemble. A ce sujet, M. de Mackau reçut, en quittant Deal, comme témoignage de l'estime des habitants de cette ville pour les officiers et les marins de la division française, une adresse qui, après lui avoir offert l'expression du vif regret causé par le départ de notre escadre, avec assurance du précieux souvenir qui serait conservé de sa présence dons ces parages, se terminait en ces termes :

« Que toute espèce de bonheur, monsieur le baron, soit votre partage et celui de l'escadre entière que vous commandez : tel est le vœu ardent du maire, de la corporation des magistrats et de tous les habitants de la ville de Deal. »

Le blocus des ports de la Hollande ayant été levé, la division française se rendit dans l'Escaut pour transporter la garnison hollandaise prise au siége d'Anvers sur l'île de Walcheren, et les bons procédés dont ces prisonniers furent l'objet à bord de nos bâtiments changèrent en un accueil bienveillant les dispositions d'abord très-peu favorables des populations de Flessingue et de Middelbourg.

Rentrée à Cherbourg, la division y trouva M. le baron Hamelin qui avait, à cette époque, reçu la mission d'inspecter plusieurs ports du royaume. Cet officier général, qui a légué de si honorables souvenirs à la marine, examina en détail chaque bâtiment et chaque équipage, et fit connaître l'opinion toute flatteuse qu'il avait conçue de la division navale dans un ordre du jour qui fut adressé par lui au ministre de la marine.

A la même époque, le roi, venu à Cherbourg pour visiter ce grand établissement maritime et passer en revue l'escadre française, daigna témoigner à M. de Mackau sa satisfaction sur la manière dont cet officier général avait rempli sa mission tant sur les côtes de la Hollande qu'en Angleterre, et sur le bon état de l'escadre ; Sa Majesté voulut bien accorder des récompenses à plusieurs des officiers de cette escadre qui furent désignés par M. de Mackau.

### Commandement de la station navale des Antilles et mission à Carthagène (années 1833, 1834 et 1835).

Au mois de septembre de la même année, M. de Mackau, nommé au commandement de la station navale des Antilles, se rendit à Brest. Il était encore en rade, ayant son pavillon à bord de la frégate l'*Atalante*, lorsque parvint en France la nouvelle de l'insulte grave faite à M. Adolphe Barrot, consul de France à Carthagène. On rapportait que son domicile avait été violé, et qu'il n'avait dû son salut, dans une situation très-critique, qu'au courage et au sang-froid qu'il avait montrés.

M. de Mackau reçut l'ordre de partir immédiatement pour se rendre sur les lieux et exiger une prompte et convenable réparation dans le cas où l'insulte faite à la France dans la personne de son représentant se trouverait avérée. Le gouvernement laissait, du reste, toute latitude à M. de Mackau, pour déterminer la nature de la satisfaction à obtenir.

M. de Mackau appareille donc aussitôt (le 27 octobre 1833) Il touche à la Martinique pour y recueillir de plus amples informations, et arrive, le 3 décembre suivant, devant Carthagène.

Mais M. Barrot n'y était plus : élargi de sa prison, il s'était fait conduire à la Jamaïque à bord de l'un des bâtiments français de la station, envoyé de la Martinique à Carthagène pour prendre les premiers renseignements sur l'injure commise, tandis que M. Lemoyne, chargé d'affaires de France à Bogota, en poursuivait, de son côté, le redressement.

M. de Mackau trouva les esprits dans une extrême irritation contre les étrangers en général, et les Français en par-

ticulier. Il comprit que son premier soin devait être de chercher à calmer cette irritation, dont les effets pouvaient être
funestes aux Européens et au commerce qu'ils faisaient dans
l'intérieur du pays ; mais il comprit également que, pour être
écouté, le langage de la modération doit être appuyé par la
force. Laissant donc les négociations suivre leur cours entre
M. Lemoyne et le gouvernement de la Nouvelle-Grenade, il
fit voile pour la Martinique afin d'y préparer les moyens militaires que les circonstances pourraient rendre nécessaires.

Le ministre approuva la prudence de M. de Mackau, et
donna carte blanche à cet officier général pour la conduite
ultérieure qu'il aurait à tenir.

Le 25 avril 1834, M. de Mackau adressa au ministre le
plan d'attaque qu'il avait projeté contre Carthagène pour le
cas où les voies de rigueur devraient être employées. Ce plan
était basé sur l'étude des parages et sur ce qui était connu
des fortifications établies ainsi que des dispositions des ré-
gnicoles. Carthagène, naguère encore l'entrepôt des richesses
immenses qui s'écoulaient par l'isthme de Panama et l'une
des villes les mieux fortifiées de l'Amérique espagnole, avait
été prise par le chevalier de Pointis, en 1695, et, bien qu'elle
ne fût pas, à cette époque, défendue par les fortifications qui
y furent ajoutées plus tard, la prise n'en fut pas moins citée
comme l'un des plus brillants exploits de la marine française
au siècle des Duguay-Trouin et des Jean Bart.

Le ministre de la marine et des colonies fit savoir à M. de
Mackau qu'après examen de son mémoire sur lequel, d'ailleurs, il ne s'était élevé aucune objection, le gouvernement
du roi avait décidé qu'on n'entrerait pas, pour le moment,
dans la voie d'une expédition complète exigeant le concours
de troupes de débarquement et de forces navales considérables, ce qui eût entraîné à de grandes dépenses, mais qu'il
serait chargé de la démonstration d'un blocus maritime contre le port de Carthagène. Toute latitude fut laissée, de nouveau, à cette occasion, à M. de Mackau, avec faculté de dis-

poser de la presque totalité des bâtiments qui étaient réunis
en ce moment sous son commandement dans les Antilles.
En conséquence de ces ordres, M. de Mackau quitta la Martinique le 28 août 1834, et se présenta devant Carthagène
le 11 septembre suivant avec une division de cinq voiles, savoir :

L'*Atalante*, frégate de cinquante-quatre canons;

L'*Astrée*, frégate de quarante-quatre canons ;

L'*Héroïne*, corvette de trente-deux canons;

La *Naïade*, corvette de vingt-huit canons;

L'*Endymion*, brick de vingt canons.

Les deux frégates et le brick franchirent la passe étroite
de Bocca-Chica et choisirent leur mouillage de façon à prendre à revers les forts de l'île de Tierra-Bomba, qui comman-
dent la navigation dans toute l'étendue de la baie de Carthagène. Quant aux deux corvettes, elles demeurèrent au large
afin de pouvoir, le cas échéant, s'opposer à toute communication entre les bâtiments venant du large et la ville de Carthagène.

L'apparition inopinée de la division française produisit sur
les esprits une impression de crainte salutaire, et fit ce que
des mesures moins énergiques n'auraient probablement pas
opéré. Afin d'accélérer les conséquences de cette première
impression, M. de Mackau expédia immédiatement un courrier à M. Lemoyne, pour lui faire connaître que, le terme
des négociations étant arrivé, il commencerait les hostilités
si, passé un court délai qu'il indiquait, le gouvernement grenadin n'avait pas accepté les conditions suivantes déjà arrêtées, savoir :

1° Que des excuses sur ce qui s'était passé seraient faites
à l'amiral, à bord de la frégate portant son pavillon, en présence des officiers composant son état-major, du consul et
des principaux français établis à Carthagène;

2° Que le consul serait réinstallé et indemnisé de ses pertes;

3° Que le pavillon français, réarboré sur la maison consulaire, serait aussitôt salué de vingt et un coups de canon par les batteries de la place.

Le gouvernement grenadin, instruit par M. Lemoyne de cet *ultimatum*, effrayé du langage de l'amiral et de l'attitude menaçante des bâtiments français, craignant encore l'arrivée de nouvelles forces navales, en un mot, pris au dépourvu, comprit qu'il était de son intérêt de céder, et, le 21 octobre, le général Lopez, gouverneur de Carthagène, obéissant aux ordres qu'il avait reçus de Bogota, par le courrier de la veille, se rendit à bord de l'*Atalante*, accompagné des principales autorités militaires et civiles du pays. Là, il exprima, dans les termes les plus formels, le regret de son gouvernement à l'égard des faits qui motivaient notre réclamation, et manifesta l'espoir d'obtenir, par suite de sa démarche, le retour parfait de la bonne harmonie entre la France et la république de la Nouvelle-Grenade.

L'amiral de Mackau, ayant à ses côtés le consul de France et les notables français résidant à Carthagène, entouré en outre d'une partie des états-majors de la division, répondit en ces termes :

« J'accepte, monsieur le gouverneur, au nom de mon gouvernement, les excuses et les regrets que vous avez reçu l'ordre de m'exprimer, de la part du gouvernement de la Nouvelle-Grenade, à l'occasion des événements pénibles qui ont eu lieu à Carthagène les 27 juillet et 3 août 1833. Je me plais à penser, comme vous, que le temps et le souvenir de la conduite généreuse de la France en cette circonstance, ne feront que fortifier les rapports de bonne intelligence et d'amitié qui vont se trouver rétablis entre nos deux pays. »

Cette réparation obtenue, M. Adolphe Barrot fut réinstallé dans la maison consulaire, et le pavillon français y fut à l'instant réarboré et salué de vingt et un coup de canon.

Le lendemain, une division navale anglaise, détachée de la Jamaïque, arriva à Carthagène, sans doute pour s'enquérir des faits et les compliquer peut-être ; mais il était trop tard, et c'était dans la prévision des obstacles que ces forces étrangères auraient pu apporter à la conclusion de l'affaire, que M. de Mackau, au lieu de toucher à la Jamaïque comme ses instructions lui en avaient donné l'autorisation, s'était rendu directement de la Martinique à Carthagène, pour ne pas mettre le gouvernement anglais dans le secret de l'opération qu'il allait tenter.

C'est ici le lieu de faire mention de quelques autres objets qui avaient dû occuper subsidiairement M. de Mackau depuis qu'il était en possession du commandement de la station des Antilles ; objets qui se trouvent indiqués avec un détail suffisant dans les termes ci-après d'une dépêche approbative de M. le comte de Rigny, alors ministre des affaires étrangères et chargé, par intérim, du portefeuille de la marine et des colonies.

Paris, le 14 mai 1834.

Monsieur le contre-amiral,

J'ai reçu successivement les rapports que vous m'avez fait l'honneur de m'adresser les 31 janvier, 5, 15, 20 février, 24, 30 mars et 15 avril derniers.

Le premier est relatif au nombre de bâtiments placés sous vos ordres pour assurer les intérêts politiques et commerciaux de la France, tant aux Antilles que dans le golfe du Mexique.

Je vais charger le conseil des travaux de délibérer sur les observations contenues dans votre rapport du 5 février.

J'ai communiqué au département des affaires étrangères les observations que renferme votre lettre du 15 du même mois sur la situation politique d'Haïti et de Carthagène.

Je ne puis qu'approuver ce que vous avez écrit au consul de France à Caracas pour réfuter les déclamations contenues dans le journal vénezuélien le *National*, contre le gouvernement français.

Enfin, monsieur le contre-amiral, j'ai reconnu le caractère à la fois ferme et modéré qui vous distingue dans la réponse que vous avez faite aux insinuations inconvenantes d'un capitaine du commerce.

Vous avez parfaitement apprécié mes intentions sur le mode à suivre pour le ravitaillement de la station.

Je vous remercie du soin que vous avez mis jusqu'à présent à me tenir informé de tout ce qui se passe d'intéressant dans l'étendue du commandement qui vous est confié, et je vous recommande de continuer à me rendre compte, avec la même exactitude, de tout ce qui vous paraîtra de nature à fixer mon attention.

Après être resté encore huit jours sur la rade de Carthagène pour s'assurer par lui-même de la bonne situation reprise par le consul et les Français établis à cette résidence, M. de Mackau fit voile pour retourner à la Martinique. Au moment du départ il reçut les deux lettres ci-après, l'une du général Lopez, et l'autre des principaux négociants français établis dans le pays :

Carthagène, le 31 octobre 1834.

Général,

Il m'est très-agréable de vous offrir l'épée et le bâton de commandement qui ont été les insignes de ma vie publique. Ils n'ont d'autre mérite que d'être demeurés purs entre mes mains en tout temps et dans toutes les circonstances, pendant la guerre et en temps de paix, et d'avoir appartenu à un citoyen et à un soldat fidèle à sa patrie et à ses devoirs. Veuillez, je vous prie, monsieur le baron, les accepter comme une preuve de mon estime pour votre personne.

*Signé* HILARIO LOPEZ.

Monsieur le général,

Un événement fatal au commerce de ce pays et à nos intérêts particuliers était venu nous affliger tous depuis plus d'une année. Vous aviez déjà commencé l'œuvre de la réconciliation à votre première arrivée dans ce port ; vous venez de l'achever et de nous apporter la paix et l'espérance d'un avenir plus favorable à nos entreprises. Pendant votre court séjour dans cette place, vous nous avez prouvé toute votre sollicitude pour vos compatriotes, et, par votre conduite noble et modérée, vous avez protégé, sans user de la force, nos intérêts et vengé l'honneur de la France. L'estime des habitants de la Nouvelle-Grenade vous suivra. Quelque faible que soit le tribut de notre gratitude, recevez-le, général, comme un hommage anticipé de celui que doit vous décerner la France, notre mère patrie.

Les Français résidant à Carthagène.
(Suivent les signatures.)

En retournant à la Martinique, la division française se porta à la Jamaïque, où M. de Mackau eut connaissance de la publication suivante faite dans l'un des journaux de Carthagène le lendemain du départ des bâtiments français :

*Constitucional de la Magdalena.*

2 novembre 1854.

Hier, la frégate l'*Atalante* a mis en mer, ayant à bord M. l'amiral baron de Mackau. Maintenant que cet illustre visiteur est parti, nous devons le recommander à l'estime de nos concitoyens. Cet officier général a su remplir la délicate mission que lui avait confiée son gouvernement à l'entière satisfaction de toutes les autorités du pays avec lesquelles il est entré en relations. Il s'est acquis ainsi la considération de tous ceux qui l'ont connu, parmi lesquels nous pouvons compter les personnes les plus distinguées de la ville, Grenadins ou étrangers. La ligne de conduite adoptée par cet officier général nous paraît avoir été la meilleure pour l'heureuse issue de l'affaire qui nous occupait.

Il n'aurait pas suffi aux intérêts de la France d'obtenir une simple réparation des griefs dont elle se plaignait. Il fallait encore qu'aucune cause de ressentiment secret ne pût exister chez une nation gouvernée par des principes libéraux et qui a déclaré sa détermination d'agir sur un pied d'égalité parfaite avec toutes les autres nations. L'amiral de Mackau a donc laissé le nom français dans une haute estime parmi nous.

Ainsi fut terminé un différend qui aurait pu amener de graves complications, et causer à notre commerce de grands préjudices.

Les ministres qui se succédèrent à cette époque au département de la marine donnèrent une complète approbation aux diverses mesures que M. de Mackau avait cru devoir prendre pour assurer, dans la circonstance, ou le succès de nos armes ou celui de nos négociations.

Sous la date du 17 octobre 1834, M. le comte Jacob écrivait à M. de Mackau :

Les observations que vous m'avez présentées dans votre lettre du 10 juillet sur l'insuffisance des forces qui sont à votre disposition n'ont pas échappé à mon attention. J'avais, du reste, prévu les vues que vous m'exprimez, en donnant à la frégate l'*Astrée* et à la corvette de charge la *Dordogne* la mission d'aller renforcer la station des Antilles. Ainsi que je vous l'ai annoncé, d'ailleurs, par ma dépêche secrète du 15 de ce mois, le brick le *Cuirassier* doit aussi faire partie de cette station. D'autres bâtiments vous seront ensuite envoyés successivement afin que la station se trouve toujours assez forte pour parer aux circonstances que pourrait faire naître l'état actuel des choses.

Les dépêches que vous a portées la frégate l'*Astrée* justifient pleinement, ainsi que vous l'aurez déjà vu, la conduite tenue par vous et par M. Lemoyne dans l'affaire de Carthagène, et vous avez bien fait l'un et l'autre de surseoir à tout jusqu'à nouvel ordre. Au surplus, cette affaire doit aujourd'hui toucher à sa fin, et je ne puis qu'applaudir à la sage fermeté avec laquelle vous l'avez conduite.

J'ai vu avec plaisir, par vos lettres des 23 juillet et 11 août, et par les pièces qui s'y trouvaient jointes, que la meilleure harmonie et les dispositions les plus amicales ne cessent de régner entre vous et les commandants des forces anglaises et danoises qui stationnent aux Antilles. *Signé* comte JACOB.

Ce fut encore à l'occasion de l'issue toute satisfaisante de cette affaire que M. l'amiral Duperré écrivit à M. de Mackau la lettre suivante :

Paris, le 21 janvier 1835.

Monsieur le contre-amiral,

J'ai reçu les lettres que vous m'avez fait l'honneur de m'écrire du 18 octobre dernier au 14 novembre, numéros 82 à 90.

Cette correspondance a surtout pour objet de me rendre compte des circonstances qui ont précédé, accompagné et suivi l'exécution du traité conclu à Paris, pour mettre fin aux différends qui avaient éclaté entre la France et le gouvernement de la Nouvelle-Grenade.

Les détails que vous m'avez adressés à ce sujet m'ont vivement intéressé : je me suis empressé de les mettre sous les yeux du roi, et c'est pour moi un plaisir autant qu'un devoir de vous faire connaître que Sa Majesté est satisfaite de la conduite, à la fois prudente et ferme, que vous avez tenue dans des circonstances souvent très-difficiles.

Le roi vous autorise à garder l'épée et le bâton de commandement qui vous ont été offerts par M. le général Lopez, gouverneur de Carthagène. Je m'empresserai de faire remettre ces objets à madame la baronne de Mackau dès qu'ils me seront parvenus.

J'ai transmis à M. le ministre des affaires étrangères les éloges que vous donnez à la conduite de MM. Adolphe Barrot et Pavageau; je lui ai demandé aussi de me faire remettre une boîte d'armes qui serait destinée à M. le général Lopez. Je m'empresserai de vous faire connaître la détermination qui aura été prise à ce sujet (1).

(1) La demande fut accordée, et le ministre écrivit à M. de Mackau, sous la date du 2 mars 1835 :

« Le brick la *Capricieuse* vous porte un nécessaire d'armes que le roi vous

Il sera tenu bonne note, dans les bureaux de la direction du personnel, des témoignages que vous m'avez rendus en faveur de plusieurs officiers employés sous vos ordres. Ces témoignages ont à mes yeux beaucoup de poids, et il me sera fort agréable, en en tenant compte à ceux qui en sont l'objet, de vous prouver combien j'attache de prix au succès que vous venez d'obtenir.     *Signé* DUPERRÉ.

M. de Mackau reparut à la Martinique le jour même où s'ouvraient des assises pour juger les hommes accusés d'avoir pris part à un soulèvement qui avait éclaté au quartier de la Grande-Anse. La plus grande fermentation régnait dans les esprits : on parlait de soustraire les coupables à l'action de la justice et de ranimer le foyer de l'insurrection. L'arrivée du commandant de la station navale eut pour effet immédiat de calmer l'inquiétude des amis de l'ordre, en contenant les agitateurs.

Donner à nos navires du commerce les secours dont ils avaient besoin, favoriser leurs relations avec les îles du voisinage, et maintenir la discipline dans leurs équipages, furent des soins dont M. de Mackau s'occupa constamment pendant la durée de son commandement; d'autres objets non moins importants, relatifs à nos bâtiments de guerre et à la situation politique et administrative de nos colonies, fixèrent également son attention ; ainsi, il adressa successivement au ministre :

1° Un mémoire sur la construction des bas mâts des bâtiments américains, comparés avec ceux en usage en France;

2° Des renseignements concernant le mode de construction des nouvelles corvettes anglaises, supérieures aux nôtres, quoique du même rang;

3° Un mémoire, avec plan et devis, sur les avantages que retireraient la station navale et le commerce, de l'établissement d'une aiguade dans la rade du Fort-Royal (1).

charge d'offrir, en son nom, à M. le général Lopez, gouverneur de Carthagène, et dont je vous ai déjà annoncé le prochain envoi. »

(1) La construction de cette aiguade a été exécutée plus tard, sous la direction de M. de Mackau, pendant son gouvernement de la Martinique.

4° Deux règlements projetés, l'un sur le service général des bâtiments de la station des Antilles, l'autre relatif aux devoirs des bâtiments stationnaires sur les rades de nos colonies (1).

5° L'exposé de considérations relatives à l'utilité qu'il y aurait d'adopter des dispositions législatives qui fixassent, d'une manière certaine, l'autorité à exercer par les commandants des bâtiments de l'État, sur les marins des navires du commerce.

6° Des détails sur la situation des colonies de la Barbade, de Sainte-Lucie, d'Antigoa, de Sainte-Croix et de Porto-Rico, en ce qui se rattachait à l'émancipation des esclaves dans ces îles anglaises, que M. de Mackau avait eu l'occasion de visiter récemment.

7° Enfin, un rapport au sujet des divers mouvements que l'abolition de l'esclavage avait excités à Sainte-Lucie et à la Trinité.

En réponse à l'envoi de tous ces documents, le ministre écrivait à M. de Mackau :

Paris, le ... septembre 1835.

Monsieur le contre-amiral,

J'ai reçu successivement les divers rapports que vous m'avez adressés depuis le 7 février, sous les numéros 112 — 123 — 124 — 127 — 130 — 131 — 132 — 133 — 134 — 135 — 137 — 138 — 139 — 140 — 142 — 143 — 145 — 149 — 151 et 152.

Je ne rappellerai pas ici l'objet de chacun de ces nombreux rapports, qui tous témoignent du zèle éclairé et de la constante sollicitude dont vous avez donné tant de preuves dans le cours de votre dernière campagne; mais je ne veux point laisser sans réponse ce qui, dans cette correspondance, a plus particulièrement fixé mon attention.

Votre lettre du 8 juin, en m'informant de l'accueil que vous avait fait à Antigoa le gouverneur des îles anglaises sous le vent, me promettait sur ces colonies d'intéressants détails que j'ai trouvés dans le rapport que vous m'avez adressé le 15 août. J'ai lu ce dernier rapport avec un vif intérêt, et je fais conserver, dans les bureaux de la direction des colonies, les renseignements qu'il renferme.

(1) Ces deux projets reçurent l'approbation du ministre.

Je vous ai déjà exprimé mon approbation au sujet de la mission que vous avez donnée au brick l'*Oreste*, à la nouvelle des événements survenus au Para, en l'envoyant sur ce point pour la protection des Français qui y sont établis.

L'état habituel de la province du Para, fréquemment exposée à des troubles et à des mouvements politiques, doit être un constant objet de sollicitude pour le commandant des forces navales en station aux Antilles. Cet objet important ne pouvait échapper à votre zèle éclairé, et la mesure que vous avez prise est pour moi une nouvelle preuve de votre empressement à tirer, des forces mises à votre disposition, le parti le plus avantageux pour l'honneur de la France et l'intérêt des sujets français.

Je ne perdrai pas de vue les observations que contient une autre de vos lettres en date du 8 juin, sur la nécessité d'adopter des dispositions législatives qui fournissent aux commandants des bâtiments de l'État les moyens d'exercer sur les marins des navires du commerce une autorité trop souvent contestée dans l'état actuel de la législation, et de réprimer ainsi les actes d'insubordination, si fréquents et presque toujours impunis, à bord de ces navires. Depuis longtemps, un projet de loi a été préparé pour cet objet; mais il a besoin encore d'être mûri avant qu'on puisse le soumettre aux délibérations des Chambres.

D'après les renseignements que m'a fournis votre rapport du 12 juin, sur les abus résultant de l'admission des passagers de faveur à bord des bâtiments de l'État, je me suis empressé de transmettre aux gouverneurs de nos diverses colonies l'invitation formelle de se conformer exactement, pour cet objet, aux dispositions de l'ordonnance royale du 1er mars 1831.

Les raisons qui vous ont porté à faire prendre, dès le 9 juillet, aux bâtiments de la division sous vos ordres, leur station d'hivernage et à devancer l'époque précédemment fixée pour le retour de l'*Atalante*, étaient trop fondées pour ne pas obtenir mon assentiment. J'ai donné la même approbation aux instructions que vous avez remises au capitaine de la *Capricieuse*, en l'envoyant recueillir les personnes qui se trouvaient sur le bateau Gros-Bois, jeté sur la côte de la grande île à Blé.

Je ferai examiner avec le plus grand soin les propositions contenues dans un mémoire de M. le sous-ingénieur Lemaëstre, sur l'installation du faux-pont des frégates, ainsi que les observations développées dans deux notes jointes, avec ce mémoire, à votre rapport du 10 août.

Enfin, monsieur le contre-amiral, le compte que vous m'avez rendu de l'état de nos pêcheries à Terre-Neuve et de la manière dont se fait le service de cette station, répond parfaitement au but que je m'étais proposé en vous chargeant d'inspecter ce service. Les renseignements que vous m'avez transmis sur cet objet m'ont vivement intéressé.

Dans le cours de la campagne que vous venez de terminer, vous vous êtes porté avec le plus grand zèle à rendre, en toutes circonstances, d'utiles services à notre commerce, et vous avez reçu à cet égard des témoignages flatteurs de la reconnaissance des principaux négociants de Saint-Pierre et du Fort-Royal. Le roi voit toujours avec plaisir cet empressement de la marine royale à favoriser le développement d'une des sources les plus importantes de la richesse nationale, et je suis heureux d'avoir à vous dire ici que Sa Majesté s'est montrée complétement satisfaite de la manière dont vous avez rempli la mission qui vous était confiée.              *Signé* DUPERRÉ.

Comme on vient de le voir par la lettre qui précède, M. de Mackau ayant eu pour mission, en quittant la station navale des Antilles pour revenir en France, d'inspecter nos établissements de pêches de Terre-Neuve, avait touché, à cet effet, à Saint-Pierre et Miquelon et à la baie du Croc. — Il arriva à Brest sur la frégate l'*Atalante*, le 20 août 1835.

### Commandement en chef des forces de terre et de mer dans les Antilles françaises, et gouvernement de la Martinique. 1836 et 1837.

Vers la fin de cette même année 1835, les difficultés qui s'étaient élevées depuis quelque temps entre le gouvernement de la France et celui des États-Unis d'Amérique étant devenues plus sérieuses, M. de Mackau, qui n'était de retour à Paris que depuis quelques semaines, reçut l'ordre de se reporter de nouveau dans les Antilles, pour y être investi du commandement en chef des forces de terre et de mer, et du gouvernement de la Martinique.

Deux ordonnances royales furent rendues à cette occasion, sous la date du 28 novembre 1835. — La première était ainsi conçue :

LOUIS-PHILIPPE, etc.

M. le contre-amiral baron de Mackau est nommé gouverneur de la Martinique, en remplacement du vice-amiral Halgan, qui a demandé son rappel.

La seconde ordonnance portait :

Art. 1er. M. le contre-amiral baron de Mackau, gouverneur de la Martinique, prendra le commandement de l'escadre d'observation qui doit se réunir aux Antilles.

Art. 2. A son arrivée au Fort-Royal, cet officier général aura le commandement en chef de toutes les forces navales dans les Antilles et le golfe du Mexique, en conservant son pavillon sur le vaisseau le *Jupiter*, ou tout autre, suivant les exigences du service.

Art 3. En sa qualité de gouverneur, il commandera en chef les troupes des colonies de la Martinique, de la Guadeloupe et de ses dépendances.  *Signé* Louis-Philippe.

Par le Roi

*Signé* Duperré.

Le 20 janvier suivant, M. le ministre de la marine faisait connaître à M. de Mackau, par la lettre suivante, les dispositions arrêtées par le cabinet de Sa Majesté :

Monsieur le contre-amiral,

Vous connaissez l'interruption de nos relations amicales avec les États-Unis de l'Amérique du Nord et le différend survenu entre les deux gouvernements. Le roi a l'espoir que la bonne intelligence se rétablira entre les deux pays : il a, dans ce but, accepté la médiation offerte par Sa Majesté Britannique ; le roi a pensé néanmoins qu'en attendant l'heureuse issue de la négociation et pour la rendre même plus efficace, il devait, se tenant prêt à tout événement, augmenter ses forces navales dans les Antilles. Il a donc ordonné la formation d'une escadre d'observation qui devra se joindre à la Martinique aux bâtiments composant déjà la station. Sa Majesté, qui a placé cette escadre sous vos ordres, a voulu également qu'à votre arrivée à la Martinique vous prissiez le commandement en chef de toutes les forces navales réunies dans les Antilles, tout en exerçant les hautes et importantes fonctions de gouverneur de la colonie.

La présence et l'emploi actif de ces forces dans les mers d'Amérique, dans un but unique de surveillance et de protection, doivent prévenir toute insulte à notre pavillon et à notre commerce, toute collision, et, au besoin, toute atteinte à la sûreté du pays.

La première division de l'escadre d'observation se compose du vaisseau le *Jupiter* et de la frégate la *Terpsichore*, armés à Brest, du vaisseau l'*Algésiras* et de la frégate l'*Artémise*, armés à Toulon.

La deuxième division, composée des vaisseaux l'*Iéna*, le *Santi-Petri* et de la frégate l'*Herminie*, est en armement à Brest; elle a fait toutes ses dispositions pour vous suivre au premier ordre. Mais son départ dépendra entièrement des renseignements que le gouvernement recevra d'Amérique, sur l'état de nos relations, ainsi que de l'utilité de cette augmentation de forces au but que l'on se propose d'atteindre. Si on devait renoncer au retour de la bonne intelligence entre les deux pays, vous recevriez de nouvelles instructions et même un renfort, au besoin, pour vous tenir en mesure de soutenir avec succès l'honneur du pavillon et les hostilités dont les mers d'Amérique et le pays que vous allez gouverner pourraient devenir le théâtre.   *Signé* DUPERRÉ.

M. de Mackau, ayant arboré son pavillon sur le vaisseau le *Jupiter*, quitta Brest le 5 février 1836 et arriva à la Martinique le 6 mars.

La plus pressante occupation de M. de Mackau, dans la mission qui lui était confiée, dut être d'assurer la meilleure organisation des bâtiments de guerre qui vinrent successivement se ranger sous son pavillon.

Mais, peu de temps après les premières dispositions qu'il avait prises à cet effet, la nouvelle étant parvenue en Amérique du rapprochement opéré, par la médiation de l'Angleterre, entre la France et les États-Unis, M. de Mackau put donner tous ses soins aux difficultés nombreuses qu'il avait à surmonter dans l'exercice du gouvernement de la Martinique.

### Administration coloniale (1836, 1837).

Il s'agissait, avant tout, de rassurer les esprits alarmés des innovations récemment introduites dans le régime colonial. —Dès la Révolution de 1830, de graves modifications avaient été apportées à cet ordre de choses tout exceptionnel, et le bill d'émancipation appliqué par l'Angleterre à la population noire de ses possessions des Indes occidentales devenait un sérieux avertissement sur les conséquences du système qui se trouvait en même temps maintenu dans nos colonies.

Lors des fréquentes visites qu'il avait faites de plusieurs des îles Britanniques, pendant sa précédente station, de 1833 à 1835 (1), M. de Mackau s'était appliqué à suivre de près les effets de la grande mesure de l'émancipation des esclaves anglais.

Selon la pensée qu'il en avait dès lors conçue, pour qu'une telle mesure s'accomplit autour de nos établissements des îles du Vent sans qu'ils en ressentissent le contre-coup, il fallait apporter, dans la gestion de ces derniers, l'ascendant d'une administration paternelle autant que ferme et vigilante.

C'est à quoi s'attacha le nouveau gouverneur, en opposant aux divers symptômes de vive irritation qu'il put remarquer au fond des esprits, dès son arrivée à la Martinique, les efforts d'une constante sollicitude pour la garantie des intérêts de tous.

Les finances du pays étaient obérées ; cependant, d'accord avec le conseil colonial, M. de Mackau parvint à balancer le compte de la précédente année et à assurer les dépenses de l'année courante (1836), au moyen de crédits supplémentaires et en procédant à toutes les économies compatibles avec une bonne administration.

D'autres objets occupèrent ensuite ses soins, avec un égal succès.

Par de fréquentes visites sur un grand nombre d'habitations situées dans les différents quartiers de la colonie, le gouverneur put se convaincre des dispositions d'humanité généralement adoptées par les propriétaires pour le bien-être de la population noire ; et les exciter par sa présence, ses encouragements et ses conseils, à améliorer chaque jour davantage la condition de leurs esclaves.

Sur la proposition du gouvernement local, une allocation plus forte que par le passé fut votée en conseil colonial pour le personnel du clergé, afin de subvenir à l'entretien de nouveaux prêtres demandés en France, et qui, appelés à exercer les fonctions de vicaires dans les différentes paroisses de

---

(1) Au mois d'août 1835, M. de Mackau avait adressé, à ce sujet, un mémoire à M. le ministre de la marine et des colonies.

l'île, devaient s'occuper spécialement de l'instruction religieuse des enfants des noirs.

Des travaux remarquables, non par un luxe stérile, mais par leur destination d'une utilité réelle, furent exécutés ou livrés à l'étude des ingénieurs pendant le cours des années 1836 et 1837.

Un projet dont M. de Mackau s'était activement occupé, pendant qu'il commandait la station navale en 1834 et 1835, fut réalisé. Il avait pour but la création d'une aiguade dans la baie du Fort-Royal, l'établissement de fontaines dans la ville de ce nom et un système de distribution générale des eaux dans tous les quartiers de cette ville, de manière que chaque propriétaire de maison pût être admis à une concession d'eau à sa convenance. Ce grand travail, commencé au mois de juin 1836, fut terminé en octobre 1837.

L'aiguade du port fut largement fournie : elle donna au delà de quarante tonneaux d'eau à l'heure. De ce moment se trouva résolu un problème fort intéressant pour la marine, par la possibilité assurée désormais à l'escadre la plus nombreuse, de renouveler en peu de jours son eau dans la baie même du Fort-Royal, le plus beau des ancrages qui se rencontrent aux Antilles. C'est là un avantage dont nos flottes ont été privées durant les guerres maritimes que la France a eu à supporter à diverses époques ; et l'on trouve la preuve, dans les archives de la Martinique, que l'escadre de M. d'Estaing, en 1779, et celle de l'amiral de Villeneuve, en 1804, dépensèrent chacune plus de cent mille livres pour l'emploi de navires du commerce, destinés à aller prendre en dehors de la baie l'eau nécessaire au service des vaisseaux.

Les hôpitaux des villes de Saint-Pierre et du Fort-Royal reçurent d'importantes améliorations : les dépenses faites à cette occasion furent couvertes par l'économie que permit de réaliser, dans le prix des journées d'hôpital, l'adoption de la mesure suivante.

Les capitaines des navires du commerce qui font entre la

France et la Martinique une navigation très-active, et auxquels les bâtiments de la station navale avaient rendu fréquemment d'utiles services, prirent l'engagement envers
l'administration coloniale de transporter à des conditions
modérées, par chacun de leurs voyages d'Amérique en Europe, quelques militaires convalescents dont le nombre ne
pouvait excéder cinq par navire (1). De là il advint que l'exécution de la prescription la plus intéressante pour la conservation des hommes, mais restée trop souvent soumise à l'incertitude des occasions de passage par bâtiments de l'État,
fut enfin mise habituellement en pratique sans difficultés ni
inconvénients possibles : les hôpitaux se trouvèrent ainsi
moins encombrés, les maladies diminuèrent en nombre
comme en gravité, et le moral des troupes y gagna beaucoup.

Sous le double point de vue de l'humanité et de l'économie dans les dépenses, il y eut donc à s'applaudir de cette
mesure qui d'ailleurs fut complétée tant par l'établissement
d'infirmeries dans les cantonnements que par la création de
postes de convalescence, placés dans les situations les plus
salubres de l'île, et où les soldats, à la sortie des hôpitaux,
furent admis à séjourner quelque temps avant de rentrer à
leurs compagnies.

Les agents du service des ponts et chaussées reçurent une
organisation nouvelle, soit par la séparation de ce service de
celui du génie militaire, soit par l'adjonction et l'emploi d'un
plus grand nombre de conducteurs d'ouvrage pour hâter
l'exécution de travaux de routes et autres que réclamaient
impérieusement plusieurs arrondissements de la colonie.

En même temps que les soins de M. de Mackau s'étaient

---

(1) Cette voie des navires du commerce fut en outre proposée au ministre par
M. de Mackau pour l'expédition plus fréquente à faire, des ports de France, des
envois d'objets d'approvisionnement destinés pour les Antilles; ces objets, étant
d'ordinaire exclusivement placés sur les bâtiments de l'État, à des époques peu
rapprochées, ne parvenaient de la sorte à leur destination que d'une manière lente
et irrégulière.

portés sur l'amélioration de la condition des esclaves, il n'avait pas négligé ce qu'il y avait à faire pour prévenir les évasions de quelques-uns d'entre eux dans les îles anglaises, évasions presque toujours précédées de vols ou de graves désordres. Un service de surveillance, auquel participèrent les troupes de la garnison, les bâtiments légers de la station et ceux de la douane, fut organisé et eut des résultats satisfaisants.

Ces dispositions permirent aussi de réprimer le commerce interlope, d'en rendre les tentatives plus difficiles, plus rares, et d'affranchir ainsi les armateurs et négociants de la métropole d'une concurrence fort préjudiable à leurs intérêts.

La compagnie de chasseurs des montagnes, composée d'hommes de couleur, fut augmentée et appelée à concourir efficacement au bon ordre intérieur de la colonie, de concert avec la gendarmerie, ce qui tendit en outre à rapprocher, dans un but politique, des hommes trop longtemps divisés par d'anciennes distinctions sociales.

Sous un autre rapport, il n'était pas moins à désirer d'arriver, par ce moyen, à former au régime de la discipline militaire quelques sujets de plus, dans la partie de la population la moins disposée à adopter les habitudes d'une vie régulière.

Pendant les deux années de l'administration de M. de Mackau, le nombre des affranchissements s'est élevé du 1er mars 1836 au 31 décembre 1837, à dix-neuf cent seize personnes, dont quatre cent soixante et onze hommes, huit cent deux femmes et six cent quarante-trois enfants.

L'accroissement rapide de la classe libre depuis quelques années avait porté le conseil colonial, dans sa session de 1836, à prévoir le danger qui pouvait naître du changement de situation de ces nouveaux affranchis, dont il devenait impossible de surveiller les actions et de connaître la conduite, du jour de leur entrée dans la vie sociale.

Le gouvernement local pourvut à cet objet essentiel par un arrêté en date du 15 novembre 1836, qui, dans la vue d'aviser à des dispositions de police propres à maintenir la tranquillité publique et à prévenir ou réprimer le vagabondage, tout en assurant une juste protection aux hommes utiles et laborieux, prescrivit, à l'instar de ce qui est consacré par la législation métropolitaine, l'obligation, pour les ouvriers journaliers de toutes professions, d'avoir à se munir de livrets dans un délai déterminé.

Après quelques difficultés qui furent promptement aplanies, cette innovation, d'une utilité manifeste, reçut son plein et entier accomplissement, et contribua beaucoup à maintenir le bon ordre dans la colonie.

A la vérité, quelques ouvriers obstinés préférèrent d'abord quitter le pays pour aller exercer l'industrie de leurs professions dans des colonies étrangères ; toute latitude leur fut laissée à cet égard, nulle atteinte ne fut ainsi portée à la complète jouissance d'une liberté individuelle que plusieurs n'avaient acquise que depuis peu. Il n'y avait rien à redouter de leur détermination : ou la colonie serait définitivement débarrassée d'hommes turbulents, ou les ouvriers qui tiendraient encore à des liens de famille et de nationalité ne tarderaient pas à revenir dans leur pays natal, en se conformant à la règle nouvellement établie, et c'est ce qui se vérifia pour la plupart de ces émigrants volontaires,

Vers le milieu de l'année 1837, M. de Mackau obtint le concours du conseil colonial pour la réalisation de deux projets qui devaient exercer une salutaire influence sur la tranquillité du pays et sur la meilleure administration des communes. Le conseil adopta, et les vues particulières du gouverneur pour la réorganisation de la police de tous les quartiers de l'île sur un pied plus respectable que par le passé, et le projet de décret émané de la métropole pour fonder le régime municipal dans toutes les communes de la colonie.

Les élections qui eurent lieu à l'occasion de la dernière de ces mesures, témoignèrent hautement du bon esprit de la population et du calme qui régnait sur tous les points de l'île.

Parmi les cent quatre-vingt-deux membres dont se composait l'ensemble des conseillers municipaux élus, il en fut compté *huit* appartenant à la population de couleur, laquelle se trouvait en minorité dans chaque collége, d'où il suit que ceux-ci n'avaient pu être investis de ce mandat qu'avec le concours d'un grand nombre d'électeurs de la classe blanche.

Dans cette autre partie de la population qui fut longtemps écartée de tout office public, un avocat nouvellement reçu en France (M. Pory Papy) fut nommé par le gouverneur à une charge d'avoué, sur la désignation spéciale de la Cour royale, présidée par un magistrat créole ; ce fait et ces circonstances auront dès lors servi à démontrer, de même qu'il fut prouvé par le résultat des élections municipales, combien, à la Martinique, l'opinion se montrait éloignée désormais de vouloir repousser les gens de l'ancienne classe de couleur, alors qu'ils se recommandaient par leur capacité autant que par la sagesse de leurs principes et de leur conduite.

Cette nomination, que M. de Mackau fit de sa propre autorité, en conseil privé, le 8 juin 1837, reçut la complète approbation du ministre de la marine.

Une autre disposition, qui ne saurait paraître frivole aux personnes qui suivent attentivement la marche des idées et des faits dans nos colonies, fut l'autorisation donnée par M. de Mackau, en 1836, pour la réouverture du théâtre public dans la ville de Saint-Pierre, où les circonstances l'avaient fait tenir fermé depuis plusieurs années.

Ce théâtre fut bientôt fréquenté, non-seulement par la population libre qui s'y réunit sans distinction et s'y porta souvent en foule, mais encore par les esclaves, qui se montrèrent, là comme ailleurs, paisibles et soumis. Aucune espèce de désordre ni même d'inquiétude n'a été la conséquence de cette occasion de contact habituel entre les diverses classes de la société coloniale. C'était là un rapprochement dont l'essai avait été signalé naguère comme très-dangereux, tandis qu'il n'a servi qu'à constater de la manière la moins douteuse l'apaisement de toute irritation, le terme de tout symptôme d'inimitié entre les castes ; en un mot, la tendance à un échange de concessions mutuelles qui doivent concourir, chaque jour davantage, à remplacer ou à effacer de vieilles antipathies.

Les progrès bien réels qui se sont accomplis dans cette voie, au milieu des éléments d'un ordre de choses encore si exceptionnel, semblent indiquer assez qu'il est devenu possible d'avancer de plus en plus vers le but d'une réforme complète, en s'éclairant de l'observation et de l'expérience.

M. de Mackau a beaucoup insisté, à cette même époque, dans sa correspondance officielle, pour que le département de la marine s'occupât de faire rendre applicable aux créoles la loi sur le recrutement de l'armée, et le régime de l'inscription maritime à l'égard de ceux qui se livrent à la navigation ou à la pêche ; ce qui aurait pour effet certain de changer les habitudes oisives et de régulariser le genre de vie de beaucoup d'entre eux.

L'honorable amiral a représenté, dans ce sens, qu'on ne saurait opposer un meilleur frein à des écarts de conduite qui ont été parfois la cause des maux les plus graves, et qu'au lieu de l'existence inoccupée, vagabonde et souvent vicieuse à laquelle une partie de la jeunesse coloniale s'abandonne, les moindres prolétaires trouveraient, soit dans l'armée, soit dans la marine militaire ou dans celle du commerce, des moyens d'instruction, d'avancement et de fortune, tandis que le gouvernement y gagnerait, avec la facilité de les connaître et de les suivre dans leurs entreprises, bonnes ou mauvaises, de nouvelles conditions de tranquillité pour les colonies et l'acquisition d'utiles serviteurs.

Divers essais ont encore été tentés alors, par le gouverneur de la Martinique, pour introduire, sur les habitations appartenant à l'État, le travail de la terre par des bras libres. Ces essais sont demeurés sans résultat, ce qui prouve, non pas qu'il serait inutile de renouveler ces tentatives, mais

seulement que deux années ne forment pas une période assez étendue pour réaliser une modification aussi désirable,
aussi capitale dans les anciennes habitudes coloniales.

L'établissement d'entrepôts de douane dans les villes de
Fort-Royal et de Saint-Pierre, consacré par l'une des dispositions de la loi du 12 juillet 1837, a été la réalisation d'un
vœu que M. de Mackau ne cessait d'exprimer depuis dix-huit
mois. Cette création, favorable au commerce dont elle mul-
tiplie les relations, l'est également à la population coloniale
à laquelle elle assure de nouveaux moyens d'activité et
d'emploi.

### Commandement en chef des forces navales (1836, 1837).

D'un autre côté, M. de Mackau n'avait point perdu de vue
la direction qui lui était confiée des forces navales françaises
dans ces mers.

Le brick le *Hussard* avait été expédié à Porto-Rico au premier avis des dangers que pouvaient courir les Français établis dans cette île espagnole, à la suite de troubles politiques
qui s'y étaient manifestés.

La frégate l'*Artémise* dut, d'après les ordres du ministre,
quitter la Martinique pour se présenter dans l'un des ports
des États-Unis d'Amérique. Ce fut le premier bâtiment de
guerre français qui eut à s'y montrer après le terme du différend suscité entre la France et cette république. M. l'amiral
Duperré confia à M. de Mackau le soin de rédiger les instructions qui, dans cette circonstance délicate, devaient diriger
la conduite de M. Laplace, capitaine de cette frégate.

La populace de l'île anglaise de la Dominique avait insulté
les officiers du brick le *Hussard*. Sur la demande de M. de
Mackau, le gouverneur de cette île, sir Evan Murray Mac-
Grégor, accorda immédiatement, dans les termes les plus
honorables, la réparation qui nous était due.

La répression de la piraterie ne fut pas non plus négligée

par M. de Mackau. Dans deux circonstances différentes, il avait expédié la frégate la *Terpsichore* dans les eaux de l'île de Porto-Rico, et la corvette la *Naïade* vers les îles du Cap-Vert, à la recherche de prétendus pirates. Le résultat de longues croisières, effectuées par ces deux bâtiments, fut de prouver qu'il n'y avait rien de fondé dans les bruits qui avaient couru à ce sujet, et, par conséquent, de rassurer complétement le commerce français et étranger.

Des balises furent placées sur des hauts-fonds dangereux dans les rades de Fort-Royal (Martinique) et de la Pointe-à-Pitre (Guadeloupe), et des dispositions furent prises pour la conservation de ces balises.

Un règlement détermina l'organisation et la direction des ateliers de l'arsenal maritime de Fort-Royal.

Un autre règlement fit connaître aux capitaines des bâtiments de guerre, employés dans les attributions du commandement de M. de Mackau, la ligne de conduite à observer par eux, dans leurs rapports officiels avec les capitaines des bâtiments de guerre étrangers, soit sur les rades de nos colonies, soit dans les rencontres à la mer.

Des mesures furent arrêtées pour assurer d'une manière régulière l'entretien et l'habillement des marins et pour leur rapatriement à l'issue du temps de service exigé de chacun d'eux.

M. de Mackau reçut, pendant son séjour aux Antilles et à son retour en France, diverses dépêches par lesquelles le ministre accordait son approbation entière à ces différentes dispositions. La reproduction textuelle de deux extraits, rapportés ci-après, paraît à cet égard devoir suffire.

Paris, le 24 décembre 1836.

. . . . . . . . . . . . . . . . . .

En parcourant votre correspondance antérieure, j'ai remarqué plusieurs rapports entre lesquels je rappellerai :

Celui du 17 juin, qu'accompagnaient des copies des instructions remises à M. Laplace, capitaine de vaisseau commandant la frégate *l'Artémise*, sur sa mission à New-York.

Un rapport du 21 avril au sujet des insultes reçues de la populace de la Dominique par des officiers du *Hussard*, et de la réparation que vous en avez obtenue.

Les instructions données par vous à M. Laplace, aussi bien que les démarches que vous avez faites pour obtenir la réparation des insultes dont les officiers du brick le *Hussard* avaient été l'objet, méritent toute mon approbation ; j'y ai trouvé de nouvelles preuves du zèle éclairé et des sentiments élevés qui ont fait dans tous les temps la règle de votre conduite.                           *Signé* ROSAMEL.

Paris, le 29 novembre 1837.

Monsieur le vice-amiral,

Deux lettres de vous, sous la date du 1er septembre et sous les numéros 75 et 76, ont été mises sous mes yeux.

. . . . . . . . . . . . . . . . . . . . . .

Votre seconde lettre contenait les copies d'un ordre général concernant le service des bâtiments employés sous vos ordres ; d'un règlement pour celui des bâtiments stationnaires sur les rades de la Martinique et de la Guadeloupe.

Je trouve dans ces deux documents de nouvelles preuves de votre zèle éclairé et de votre expérience de service à la mer ; toutes les dispositions m'en paraissent être bien établies, et je ne puis qu'y donner un entier assentiment.                           *Signé* ROSAMEL.

### Nomination au grade de vice-amiral (mai 1837).

Le 30 mai 1837, M. le baron de Mackau avait été élevé au grade de vice-amiral.

Le coup de vent qui, en 1837, sévit particulièrement sur les îles anglaises et danoises, donna lieu au gouverneur de la Martinique d'offrir avec empressement son assistance à ces colonies.

Les gouverneurs de la Barbade, d'Antigoa et de Sainte-Croix, lui adressèrent, à cette occasion, les remercîments les plus vifs. La reine d'Angleterre, elle-même, lui fit témoigner combien elle appréciait cet acte d'humanité envers ses sujets. Voici, relativement à cette circonstance, quelle fut la lettre écrite par lord Glenelg, premier secrétaire d'État de S. M. B., pour le département des colonies, au gouverneur-général des îles anglaises du Vent, sir Evan Murray Mac-

Grégor, et transmise par ce dernier à M. le vice-amiral baron de Mackau.

Downing street, le 2 novembre 1837.

J'ai l'honneur de vous accuser réception de votre dépêche n° 205, du 20 septembre dernier, et de vous informer, en réponse, que le gouvernement de Sa Majesté a reçu avec une haute satisfaction le rapport que vous lui avez fait de la manière libérale et amicale avec laquelle le gouverneur de la Martinique a bien voulu exprimer sa sympathie pour les souffrances des sujets de Sa Majesté à la Barbade. J'ai remis votre dépêche et ses annexes sous les yeux de la reine. Sa Majesté m'a donné l'ordre de vous charger de faire parvenir au vice-amiral baron de Mackau l'expression de sa reconnaissance pour un acte de courtoisie et d'humanité si digne d'un officier de la nation à laquelle appartient le baron, et si parfaitement d'accord avec les relations amicales qui heureusement existent entre la reine et S. M. le roi des Français.

*Signé* GLENELG.

### Suite des détails sur l'administration de la Martinique (année 1837).

L'un des derniers actes de l'administration de M. de Mackau a été d'insister vivement pour que le gouvernement de la métropole prît en sérieuse considération les travaux devenus nécessaires aux fortifications qui défendent la baie et la ville du Fort-Royal, le plus bel établissement maritime qu'offrent les Antilles, soit françaises, soit étrangères. D'après ce qu'il a exposé sur ce point, si digne d'attention, pour rendre à leur état de parfait service des forts et batteries qui représentent une valeur de plusieurs millions, il suffirait d'y affecter, pendant un certain temps, une somme annuelle de trois cent mille francs.

La santé de M. de Mackau était gravement altérée depuis plusieurs mois. Il luttait néanmoins contre ses souffrances, dans l'espoir de réaliser avant peu des mesures administratives et financières dont il attendait un grand bien pour la colonie ; mais au mois d'août 1837, son état se trouvait avoir empiré ; il dut, de l'avis unanime des médecins, suspendre toute occupation suivie, et demander immédiatement son rappel en Europe.

**Nouvelle mission à remplir près du gouvernement d'Haïti. —
Grave motif d'empêchement qui s'y rencontre (septembre et
octobre 1837).**

Dans l'intervalle de temps qui dut s'écouler avant que cette
démarche parvînt à la connaissance du ministre de la marine,
M. le comte Molé, alors président du conseil et ministre des
affaires étrangères, adressait à M. de Mackau la dépêche
suivante :

Paris, le 13 septembre 1837.

Monsieur l'amiral,

Le gouvernement du roi, appréciant la nécessité de régler définitivement avec Haïti le payement de la dette de cette république envers la
France, ainsi que les arrangements relatifs aux rapports d'amitié et de
commerce qui doivent exister entre les deux pays, Sa Majesté vous a
confié la mission de suivre, conjointement avec M. de Las-Cases, les
négociations propres à conduire à ce double résultat. D'honorables
antécédents et la connaissance particulière que vous avez de la question dont il importe le plus d'obtenir une solution conforme, autant
que possible, à tous les intérêts qu'elle embrasse, vous désignaient naturellement au choix du roi, et vous préparent, monsieur l'amiral, à
remplir dignement cette grave et délicate mission. M. de Las-Cases
partira au commencement du mois prochain pour aller vous rejoindre
à la Martinique et se rendre ensuite avec vous au Port-au-Prince. Il sera
porteur d'instructions détaillées, tant sur notre situation actuelle vis-
à-vis d'Haïti que sur les intentions du gouvernement du roi par rapport aux objets de négociation confiés à vos soins. M. de Las-Cases
trouvera, je n'en doute pas, dans votre expérience, toutes les lumières
propres à le guider sur un terrain nouveau pour lui et dans l'accomplissement d'une tâche dont on ne saurait se dissimuler les difficultés.

Signé MOLÉ.

De son côté, M. le ministre de la marine écrivait à l'honorable amiral :

Paris, le 6 octobre 1837.

Monsieur le vice-amiral,

La mission que vous allez remplir à Haïti devant exiger que vous
vous rendiez en France aussitôt après qu'elle sera terminée, j'ai à vous
prier de me faire connaître quelles sont vos vues au sujet du gouvernement de la Martinique. Je désire beaucoup qu'il vous convienne

d'aller réoccuper ce poste dès que votre présence ne sera plus nécessaire à Paris; mais si vous preniez d'avance la résolution de ne pas
retourner de France à la Martinique, j'aurais besoin de le savoir au
plus tôt, afin de pouvoir proposer immédiatement au roi de vous donner un successeur. J'ai, en conséquence, l'honneur de vous prier de
me faire connaître, avant votre départ, le parti auquel vous vous serez arrêté, relativement au gouvernement de la Martinique, et je vous
réitère l'expression du désir que j'ai de voir longtemps encore dans
vos mains un poste que vous occupez d'une manière si distinguée.

                                        *Signé* ROSAMEL.

Les motifs impérieux qui avaient amené M. de Mackau à
demander son prompt rappel en France, ne lui permirent pas
d'accepter la mission diplomatique que M. le comte Molé
désirait lui confier.

La réponse qui lui fut faite sur le premier point, par le
ministre de la marine et des colonies, et qui parvint à la Martinique, au mois de novembre de la même année 1837, était
conçue en ces termes :

                                Paris, le 13 octobre 1837.

Monsieur le baron,

Je viens de recevoir la lettre du 21 août, par laquelle vous me ren-
dez compte de l'altération survenue dans l'état de votre santé, ainsi
que de l'obligation qu'elle vous a imposée de vous éloigner des affaires
et de demander votre rappel immédiat en France.

Vous verrez, par ma lettre du 6 de ce mois, numéro 321, que j'aurais bien désiré qu'il vous convînt de conserver encore longtemps le
poste auquel vous avait appelé la confiance du roi.

La nature de la communication que vous venez de me faire, et surtout la cause de la détermination que vous avez prise, rendent plus
vif encore le regret que j'éprouve de vous voir contraint d'abandon-
ner, avant l'époque indiquée par vous-même, les hautes fonctions
que vous remplissez avec tant de distinction.

Toutefois, je n'ai pas dû hésiter à mettre votre demande sous les
yeux du roi et à lui proposer de vous rappeler immédiatement en
France.

Sa Majesté a bien voulu accueillir avec intérêt la proposition que
je lui ai faite à cet égard, en m'autorisant à vous exprimer le regret
qu'elle en éprouve. Vous pourrez donc revenir en France aussitôt après
la réception de la présente dépêche, et disposer, à cet effet, de la fré-

gate la *Terpsichore*, laquelle devra opérer son retour à Brest, à moins toutefois que les circonstances, de la navigation ne la missent plus à portée d'un autre port où il vous convînt également de débarquer.

Je vais m'occuper de pourvoir à votre remplacement dans le gouvernement de la Martinique. En attendant l'arrivée de votre successeur, M. le colonel Rostoland, à qui vous aurez remis le service, restera chargé de l'intérim.

Une expédition de la présente dépêche vous sera envoyée par chacun des ports où il se trouve des bâtiments en partance pour la Martinique, et notamment, comme vous en avez exprimé le désir, par le paquebot qui doit quitter l'Angleterre, le 15 du mois courant, pour se diriger vers les Antilles.                    *Signé* ROSAMEL.

### Nouveaux détails sur l'administration de la Martinique (année 1837).

M. de Mackau n'aurait pas différé d'user de la faculté qui lui était accordée d'effectuer, tout aussitôt, son retour en France, s'il n'avait considéré comme un devoir d'honneur de tenter de sortir, par ses propres efforts, s'il lui était possible, de la complication nouvelle qui, dans la situation des affaires de la colonie, se trouvait résulter de la dernière correspondance ministérielle.

Cette correspondance ordonnait au gouverneur de la Martinique de convoquer le conseil colonial, en session extraordinaire, avant la fin de l'année, à l'effet de proposer à cette assemblée de modifier certaine partie des budgets arrêtés par elle pour les années 1837 et 1838, budgets qui n'avaient pas reçu la sanction du gouvernement de la métropole.

Le conseil colonial n'ayant point voulu se prêter aux vues du département de la marine, ainsi que le gouverneur n'avait cessé de le faire pressentir au ministre par sa correspondance confidentielle, M. de Mackau dut, par une série de mesures discutées et arrêtées en conseil privé, assurer le service financier de la colonie, pour l'année 1838 qui allait s'ouvrir.

Ce laborieux résultat n'ayant pu être atteint que dans les

derniers jours du mois de décembre 1837, le gouverneur
fixa l'époque de son embarquement au 11 janvier suivant.

Lorsque la nouvelle du prochain départ de M. le vice-amiral
de Mackau se fut répandue dans la colonie, de tous les quartiers de l'île des adresses lui furent présentées. La cour royale,
la chambre de commerce, les différents corps constitués et
les habitants les plus notables, tous exprimèrent, par écrit,
au gouverneur, ce que l'annonce de son départ, en même
temps que le motif qui le provoquait, leur causaient de véritable chagrin. Le conseil colonial, organe légal et fidèle de la
population de la Martinique, s'exprima en ces termes, à cette
occasion :

Monsieur le gouverneur,

La colonie partage les regrets que nous fait éprouver votre prochain départ. Heureuse de vous posséder, elle se reposait avec confiance sur la sagesse de vos vues, et dans cet accord parfait qui existe
entre votre administration et la représentation coloniale.—Vos nobles
efforts, en combattant les embarras et les difficultés de notre position,
pouvaient nous faire espérer un meilleur avenir.

Nous acceptons avec reconnaissance les témoignages que vous vou-
lez bien nous donner de votre dévouement au pays et la promesse que
vous nous faites de votre appui. Vous avez sous vos yeux le tableau de
nos misères, vous connaissez nos besoins, et le pays dont vous avez
partagé les sympathies doit compter sur votre intervention active et
éclairée, dans la lutte où nos intérêts les plus chers et notre existence
même se trouvent si gravement compromis.

Vers la même époque, le ministre de la marine adressait
à M. de Mackau la lettre ci-après, qui ne lui parvint qu'à son
retour en France :

Paris, le 15 décembre 1837.

Monsieur le vice-amiral,

J'ai l'honneur de vous informer que, par une ordonnance du 17 novembre, dont vous trouverez ci-joint copie, le roi a nommé gouverneur de la Martinique M. de Moges, capitaine de vaisseau de première
classe.

En signant cette ordonnance, Sa Majesté a exprimé de nouveau la
satisfaction des services que vous avez rendus comme gouverneur de

la Martinique, et son regret de vous voir contraint, par le mauvais état de votre santé, de quitter, plus tôt qu'elle ne l'aurait désiré, un poste difficile où vous avez donné tant de preuves d'une haute capacité et du dévouement le plus éclairé.

J'ai vu avec plaisir, par la dernière correspondance que j'ai reçue de vous, et qui va jusqu'au 14 octobre, que l'amélioration survenue dans la situation de votre santé vous avait permis de conserver la direction des affaires. Cette circonstance me fait espérer que, nonobstant l'autorisation contenue dans ma dépêche du 13 octobre dernier, numéro 356, vous vous serez décidé à attendre votre successeur.

*Signé* ROSAMEL.

**Retour en Europe sur la Terpsichore (février 1838), et témoignages relatifs au service de commandant en chef des forces navales.**

La traversée d'Amérique en Europe de la frégate la *Terpsichore* fut marquée par un grave événement de mer qui compromit l'existence de toutes les personnes que cette frégate transportait.

A la suite de plusieurs coups de vent, la frégate fit une voie d'eau considérable. Les pompes et l'emploi de divers moyens, usités en pareille occurrence, ne suffirent pas pour alléger le bâtiment. Durant soixante heures, le péril fut imminent. M. de Mackau donna l'ordre de se diriger sur Cork, en Irlande, le port le moins éloigné et qui pourtant était encore à une distance de quarante-cinq lieues.

Après de grands efforts, la *Terpsichore* atteignit ce port le 11 février 1838.

M. de Mackau, ayant informé le ministre de son arrivée sur ce point et des circonstances de sa navigation, reçut de M. le vice-amiral de Rosamel la réponse suivante :

Paris, le 28 février 1838.

Monsieur le vice-amiral,

J'ai appris avec peine, par la lettre que vous m'avez fait l'honneur de m'écrire de Cove, les dangers que vous avez courus en revenant de la Martinique.

Les inquiétudes que vous avez dû éprouver, dans cette circonstance, surtout pour madame la baronne de Mackau et pour vos enfants, sont heureusement dissipées aujourd'hui, et la satisfaction de les ramener, malgré tout, en bonne santé, doit atténuer à vos yeux la contrariété du retard apporté à votre rentrée en France.

Je lirai avec bien de l'intérêt les détails que vous m'avez adressés sur les circonstances qui ont marqué la traversée de la *Terpsichore*, et, dès à présent, je fais prendre bonne note des éloges que vous m'avez adressés sur le compte de M. Letourneur, des officiers et des marins placés sous ses ordres.

Vous savez, monsieur le vice-amiral, le prix que j'attache à votre témoignage en pareille matière, et je serai heureux de trouver l'occasion de vous en donner de nouvelles preuves.

Votre correspondance, non moins que vos actes, pendant tout le temps que vous avez exercé le commandement supérieur des forces navales réunies dans les mers des Antilles et du golfe du Mexique, m'a souvent fourni l'occasion de rendre hommage à la justesse de vos jugements sur les hommes, aussi bien qu'à l'élévation de vos vues dans la conduite des affaires, et c'est ce qui m'a conduit à déférer, autant que les circonstances me l'ont permis, aux vœux que vous exprimiez.

L'attente de votre prochain retour s'est opposée à ce que je vous fasse connaître la suite donnée aux diverses propositions contenues dans plusieurs de vos dernières lettres, dont je saisis l'occasion de vous accuser réception.

. . . . . . . . . . . . . . . . . . . . .

Je viens de recevoir la lettre du 10 décembre, à laquelle vous avez joint une copie du mémoire laissé par vous à la Martinique, pour l'officier général appelé à vous remplacer dans le commandement de la station des Antilles. J'ai lu ce mémoire avec beaucoup d'intérêt, et je vous remercie du soin que vous avez pris de laisser à votre successeur des instructions complètes sur un service que vous avez si bien rempli.

Je n'ai point laissé ignorer au roi ce que vous avez fait pour son service. Sa Majesté sait avec quelle distinction vous avez rempli le mandat honorable qui vous a été confié, et vous trouverez, dans sa haute approbation, la plus flatteuse récompense de votre zèle.

*Signé* ROSAMEL.

## Témoignages relatifs aux actes du gouvernement de la Martinique.

De retour à Paris, le 18 mars 1838, M. de Mackau fut appelé à assister, sous la présidence du ministre, à plusieurs conférences dans lesquelles on examina ce qu'il y avait de plus pressant à faire dans l'intérêt de la Martinique. Le 4 mai 1838, le ministre lui écrivit en ces termes :

Monsieur le vice-amiral,

J'ai trouvé, jointe à la lettre que vous m'avez fait l'honneur de m'écrire le 29 mars, copie du mémoire que vous avez laissé, à votre départ de la Martinique, entre les mains de M. le colonel Rostoland, pour être remis à M. le contre-amiral de Moges, votre successeur dans le gouvernement de cette colonie.

Il m'est agréable d'avoir à vous dire que j'ai lu ce mémoire avec beaucoup d'intérêt. Il atteste, par le simple exposé des faits, que votre administration a, pendant les deux années que vous avez gouverné la Martinique, rencontré de nombreuses difficultés et que vous les avez surmontées autant qu'elles ont pu l'être, par la sagesse de vos mesures et la prudence de votre conduite. — Les extraits ci-joints de deux lettres que je viens d'écrire à M. de Moges, vous feront connaître le jugement que j'ai porté sur plusieurs des actes principaux de votre administration.

Je me plais aussi à déclarer ici que la tranquillité dont, malgré une situation peu heureuse, la Martinique a joui pendant que le gouvernement vous en était confié, est due à votre constante sollicitude pour tous les intérêts que vous aviez mission de protéger. La reconnaissance de la colonie n'a fait que devancer, à cet égard, la satisfaction du gouvernement du roi, dont la présente dépêche sera pour vous un nouveau témoignage.                                        *Signé* Rosamel.

**Nomination de membre du conseil d'amirauté (avril 1838). — Promotion au grade de grand officier de la Légion d'honneur (avril 1840). — Mission diplomatique et militaire dans le Rio de la Plata (année 1840).**

Le 1ᵉʳ avril 1838, M. de Mackau fut nommé membre du conseil d'amirauté, et le 30 avril 1840, grand-officier de la Légion d'Honneur.

Dans les premiers jours de juillet suivant, une circonstance inopinée motiva la nomination de M. de Mackau au commandement en chef des forces navales françaises employées dans les mers de l'Amérique du Sud, avec mission de plénipotentiaire du gouvernement du roi pour traiter, dans le Rio de la Plata, des affaires de la France.

M. de Mackau accepta sans hésiter la suite de cette mission difficile, au point où les préparatifs en avaient été conduits avant sa nomination, et, dès le 24 juillet, il était parti pour Cherbourg, où il eut connaissance, par le *Moniteur* du 25, de l'annonce faite de son départ dans un article dont les dernières lignes étaient ainsi conçues :

« Les services éminents rendus par M. de Mackau depuis trente ans, dans de nombreuses missions sur presque tous les points du globe, et notamment à Saint-Domingue, à Carthagène des Indes, dans la mer des Antilles, et, plus récemment, dans l'administration de la plus importante de nos colonies, désignaient, dans la circonstance qui s'est offerte, cet officier-général au choix du cabinet dont il emporte toute la confiance. »

Le 30 juillet, ayant son pavillon sur la frégate la *Gloire*, M. de Mackau mit sous voiles, et, après une courte relâche à Gorée (côte d'Afrique), il arriva devant Montévidéo le 23 septembre.

A cette époque, déjà s'était répandu au loin le bruit du grave incident survenu dans la politique européenne; par la signature, à Londres, du traité du 15 juillet 1840, et l'opinion de l'imminence d'une guerre maritime entre la France et l'Angleterre s'accréditait de toutes parts, de jour en jour.

Placé dans cette situation des plus délicates, à la tête d'une nombreuse flotte de bâtiments légers (quarante-deux voiles, dont deux frégates), et en présence des embarras presque inextricables qui étaient nés, sur les bords de la Plata, de la prolongation de notre différend avec la république de Buenos-Ayres, M. de Mackau n'apporta cependant aucune sorte de précipitation à s'avancer, par une voie quelconque, vers la solution de ce différend.

Mais, en faisant marcher de front et les dispositions éventuelles à préparer pour le cas d'hostilité à soutenir à terre, et l'adoption des mesures les plus propres à garantir, contre tout événement, la sûreté de l'escadre, il crut devoir se rendre à Montévidéo le lendemain de son arrivée, avec l'intention d'y faire un séjour tel qu'il le jugerait nécessaire pour parvenir à la connaissance de l'exacte vérité sur les faits qui intéressaient la mission dont il était chargé.

Le premier soin qui lui était recommandé par ses instructions était d'ouvrir des négociations avec le gouvernement de Buenos-Ayres, pour peu que la facilité lui en fût laissée.

Néanmoins, il lui était impossible de se décider à suivre cette voie avant d'avoir acquis l'entière conviction que ce serait servir la cause de l'honneur, des vrais intérêts et de la dignité de la France.

Aussi, à travers les motifs de vive incertitude qui s'étaient manifestés à lui tout d'abord, relativement au choix du parti qu'il avait à prendre, ce ne fut qu'à la suite de longues informations, recueillies personnellement au milieu des opinions les plus passionnées et les plus contradictoires, qu'ayant reçu du premier ministre de la république argentine, le 3 octobre, des ouvertures positives d'arrangement qu'il était de son devoir de ne point repousser, il se résolut à déclarer qu'il était prêt à entrer en pourparlers avec le gouvernement de Buenos-Ayres.

Ne s'étant toutefois rendu devant cette dernière ville que le 12 octobre, il attendit à bord de la corvette l'*Alcmène* la visite que lui fit le ministre d'Angleterre, et qui eut pour objet de lui témoigner les dispositions de cet agent diplomatique à seconder, de son influence personnelle, la terminaison pacifique de notre différend avec le chef du gouvernement argentin.

Mais l'amiral ne consentit à ouvrir, l'un des jours suivants, des conférences avec le ministre des relations extérieures de ce gouvernement, que sur un bâtiment de guerre français établi, en parlementaire, entre la ville et le mouillage de la division du blocus (1).

(1) Voici en quels termes M. Guizot exposait à la Chambre des pairs (séance du

Ces conférences, qui se sont prolongées du 14 au 29 octobre, se sont terminées par la signature d'une convention dont les résultats ont dépassé, en plusieurs points, le but des instructions en vertu desquelles l'amiral avait agi.

C'est ce qui a été démontré spécialement et en détail, peu après le retour de M. de Mackau en France, dans les explications produites alors par M. Guizot, ministre des affaires étrangères du cabinet qui avait succédé à celui duquel émanaient les instructions de l'amiral.

On ne saurait mieux se rendre compte aujourd'hui de tout le prix de la sage et judicieuse conduite tenue par M. de Mackau dans une conjoncture des plus épineuses, qu'en recourant aux paroles mêmes de M. Guizot dans les discussions qui eurent lieu successivement à la Chambre des pairs, le 8 février 1841, et à la Chambre des députés, le 20 du même mois.

Voici un extrait du dernier des deux discours de M. Guizot où se trouve résumée la conclusion définitive de ces discussions telle qu'elle a été admise par l'immense majorité des deux Chambres, qui ont passé chaque fois à l'ordre du jour sur les objections des adversaires du traité du 29 octobre 1840.

8 février 1841) le mode d'après lequel M. de Mackau, guidé par un louable sentiment de susceptibilité nationale, avait exigé que ces conférences fussent ouvertes et suivies :

« ..... Et d'abord, messieurs, avant le traité, dans les préliminaires de la négociation, M. de Mackau a mis tout le soin nécessaire pour que la dignité et l'honneur de la France fussent parfaitement à couvert. Envoyé avec ordre de négocier, il a commencé par s'assurer que les négociations seraient non-seulement acceptées, mais proposées, ouvertes en quelque sorte par le gouvernement argentin lui-même, et ce n'est qu'après avoir acquis cette certitude qu'il est entré en négociation. Arrivé devant Buenos-Ayres, il a eu soin que les négociations se passassent sous le drapeau français, à bord d'un bâtiment français; il a témoigné une vive susceptibilité nationale, et cette susceptibilité a été acceptée. C'est sous le pavillon français, à bord d'un bâtiment français, que la négociation a eu lieu. Enfin, poussant jusqu'au scrupule une fierté délicate, il a attendu que le ministre anglais, M. Mandeville, vînt lui faire à son bord la première visite, avant de profiter des offres que cet honorable agent diplomatique lui avait faites de s'entremettre entre lui et le gouvernement argentin....., » etc.

... M. de Mackau a agi en vertu des instructions qui lui avaient été données par le cabinet du 1er mars. Il faut que la Chambre sache que ces instructions n'ont rien eu de particulier, qu'elles ont été conformes à toutes celles qui avaient été données précédemment. L'affaire a passé par les mains de trois cabinets différents : elle est née sous le cabinet du 15 avril, elle a été continuée sous le cabinet du 12 mai, et le cabinet du 1er mars l'a recueillie. Tous les trois ont arrêté le même *ultimatum*, et donné à nos négociateurs, quels qu'ils fussent, les mêmes instructions. : . . . . . : . . . . . . . .

...Voici, au surplus, messieurs, à quelle situation le traité a mis un terme. Il nous a fait obtenir les conditions que tous les cabinets qui se sont occupés de cette affaire avaient demandées comme définitives; il a fait cesser un état de choses défavorable non-seulement au commerce français, mais à nos relations avec les neutres, un état de choses qui donnait lieu à des réclamations incessantes de la part de la Grande-Bretagne, des États-Unis, de toutes les puissances qui négocient avec Buenos-Ayres. Il a mis fin à une expédition qui coûtait chaque année des sommes énormes. Enfin, il nous a fait sortir d'une lutte dans laquelle nous nous étions imprudemment engagés : une guerre étrangère qui ne nous regardait pas complétement, une guerre civile qui ne nous regardait pas du tout. . . . . . . . . . . . .

Ainsi, messieurs, l'honorable M. de Mackau a non-seulement agi dans les limites de ses instructions, il les a non-seulement accomplies, mais il a fait plus qu'elles ne lui prescrivaient. Le traité conclu par ses soins est un acte de beaucoup d'importance, et doit être considéré comme un grand pas fait dans la carrière de nos relations avec l'Amérique du Sud (1).

C'est seulement à Montévidéo, où des intérêts particuliers pouvaient se trouver lésés par la cessation du long blocus de Buenos-Ayres, que des réclamations violentes avaient été élevées de la part des gens qui espéraient profiter presque indéfiniment de cet état de choses.

Mais l'opinion générale ayant désormais fait justice du peu de crédit que méritaient de pareilles récriminations, il ne reste que des éloges à proclamer hautement sur les résultats de la convention du 29 octobre 1840, comme sur le caractère des négociations qui l'ont précédée et amenée.

Ainsi on peut, sans en revenir à discuter chacune des

(1) Chambre des députés, séance du 20 février 1840.

clauses de cet acte diplomatique, s'arrêter ici à cette analyse succincte des faits de la dernière mission remplie par M. le vice-amiral baron de Mackau.

Tous ses soins ont tendu, dès le principe, à observer, en les améliorant, les instructions dont il était porteur.

Les préoccupations les plus graves qui ont pu assaillir son esprit n'ont pas eu un seul instant pour effet de le détourner de ce but.

Il a attendu au lieu de provoquer les premières ouvertures de négociation.

Il n'a point sollicité les bons offices du ministre d'Angleterre, qui a pris la peine de venir lui en faire l'offre, en personne, à bord du bâtiment sur lequel flottait son pavillon.

Il ne s'en est pas tenu à souscrire aux conditions qui auraient pu être rigoureusement suffisantes ; mais il a réussi à concilier l'avantage présent et futur de nos nationaux avec la réalisation, sur une terre lointaine, des bienfaits d'un premier retour aux lois de l'humanité entre des partis trop longtemps en proie à une lutte acharnée.

Pour compléter et consolider son œuvre, l'aide indispensable du temps. la prudence de nos compatriotes, l'habileté de nos représentants près du gouvernement de l'une et l'autre rive de la Plata, doivent amener tôt ou tard la conclusion d'un traité de navigation et de commerce favorable à nos intérêts.

Un article publié au *Moniteur*, du 4 mars 1841, se terminait par cette déclaration formelle :

M. le vice-amiral de Mackau, en surmontant les nombreux obstacles qui s'opposaient au succès de sa mission, a rendu à l'État un service signalé; il y a déployé tout ce que le roi et son gouvernement avaient droit d'attendre de lui : sûreté de jugement, fermeté de résolution et habileté, et il a mérité toute l'approbation de Sa Majesté et de son gouvernement.

Enfin, les deux dépêches officielles dont la teneur suit, sont venues clore dignement l'expression de la haute satisfaction manifestée à M. de Mackau, dans les circonstances qui viennent d'être rappelées.

*Lettre de l'amiral ministre de la marine.*

Paris, le 7 février 1841.

Monsieur le vice-amiral,

Tous les rapports que vous avez adressés au département de la marine, du 15 octobre au 20 janvier de cette année, ont été mis sous mes yeux, et je les ai lus avec le plus vif intérêt.

Les mesures que vous avez prises pour agir vigoureusement contre le gouvernement argentin, dans la prévision où les propositions d'arrangement amiable faites par le représentant du général Rosas ne pourraient être acceptées ; le soin que vous avez mis à stipuler des garanties pour la sûreté et les intérêts des Français qui se sont établis ou qui pourront s'établir sur le territoire argentin ; celles que vous avez exigées dans l'intérêt des habitants de ce pays qui, soupçonnés d'hostilité contre le gouvernement, se trouvaient détenus dans les prisons de Buenos-Ayres, témoignent tout à la fois de votre habileté comme chef d'une importante expédition et de votre sollicitude pour nos nationaux, ainsi que pour ceux que les circonstances avaient fait agir dans nos intérêts.

C'est au département des affaires étrangères qu'il appartient plus particulièrement d'apprécier les résultats de votre mission sous le point de vue politique ; mais, comme ministre de la marine, je n'ai que des éloges à vous adresser sur la manière dont vous avez rempli la mission qui vous était confiée, en même temps que je vous félicite de la rapidité avec laquelle vous l'avez terminée.

J'approuve, au surplus, toutes les dispositions que vous avez faites avant de quitter Montévideo, pour la répartition et l'emploi ultérieur des bâtiments qui étaient affectés au blocus de la Plata.

*Signé* amiral DUPERRÉ.

*Lettre de M. le ministre des affaires étrangères.*

Paris, le 17 mars 1841.

Monsieur l'amiral,

J'ai l'honneur de vous accuser réception des divers rapports et documents que vous avez adressés au département des affaires étrangères jusqu'à la date du 1er décembre dernier, en conséquence de la mission dont vous étiez chargé dans le Rio de la Plata.

Je suis heureux d'avoir à vous exprimer en même temps, monsieur l'amiral, la haute satisfaction du roi pour les bons et loyaux services que vous avez rendus au gouvernement de Sa Majesté dans l'accomplissement de cette mission difficile. Les derniers débats qui ont eu lieu dans les Chambres sur les affaires de la Plata m'ont déjà fourni l'occasion de manifester l'opinion du gouvernement, quant à l'habile conduite de votre négociation et au succès que vous avez obtenu.

J'ai d'ailleurs fait connaître au chargé d'affaires de France à Buenos-Ayres la juste approbation donnée par le gouvernement du roi à la convention que vous avez conclue avec la république argentine, et qui, je l'espère, aura pour effet de rétablir d'une manière durable les rapports de bonne intelligence trop longtemps interrompus entre les deux pays. J'ai aussi expédié à M. Lefebvre les lettres de créance qui le confirment dans les fonctions intérimaires que vous lui avez confiées.

Il me reste à vous dire, monsieur l'amiral, combien le gouvernement du roi apprécie les nouvelles preuves de dévouement qu'a données la marine française pendant sa longue et pénible campagne dans le Rio de la Plata. Elle a ajouté encore à l'éclat de notre pavillon. Je ne saurais trouver un meilleur interprète que vous-même, monsieur l'amiral, pour lui adresser le témoignage qui est dû à la patience, au courage, au zèle constant, qu'elle a montrés dans ces parages lointains.

Signé Guizot.

FIN.

www.ingramcontent.com/pod-product-compliance
Lightning Source LLC
Chambersburg PA
CBHW052129090426
42741CB00009B/2018